암전음악회 창시자 이상재

돌사진

6세 때

7세 때 동생들과 함께

바닷바람에 한껏 신났던 10세 때

피바디 음대 졸업식날 부모님과 함께

피바디에서 박사학위를 받고

훌륭한 가르침을 주신 피바디 키트 선생님과 함께

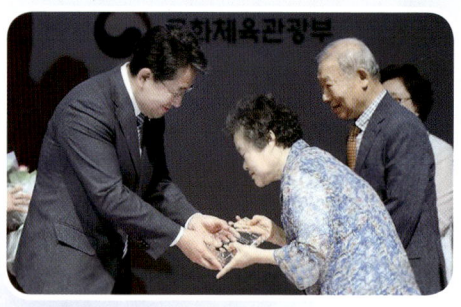

'예술가의 장한 어버이상'을 수상하신 어머니(2019. 5. 8.)

예술가의 장한 어버이상 시상식에서
'어머니 은혜'를 연주한 필자(출처: 연합뉴스)

하트체임버오케스트라 단원들과 함께

미국 카네기홀 공연 Hearts of vision Chamber Orchestra(2011)

루마니아 코스탄차 공연(2023. 6. 29.~7. 5.)

청와대 장애인의 날 특별음악회(2024)

희망으로 콘서트(2005. 12. 25.)

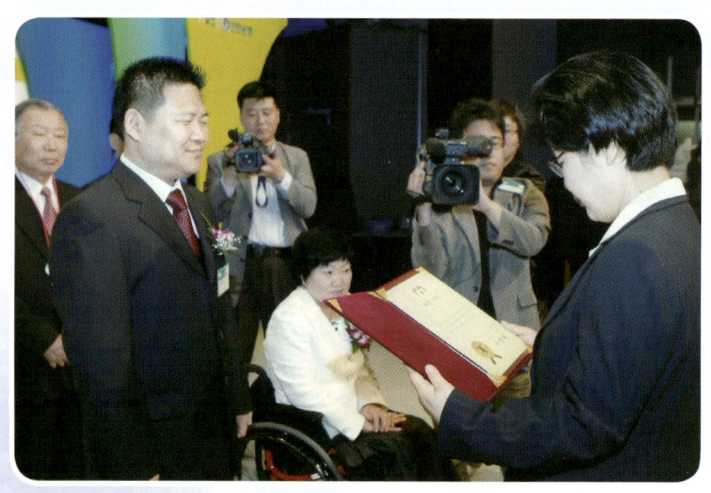

장애극복상 수상(2009. 4. 20.)

누구 시리즈

문학적 초상화 프로젝트
2025년 <누구?!시리즈10>을 발간하며

궁금증이 감탄으로 변하게 하는 이야기를 담은 작은 인문학도서 〈누구?!시리즈〉를 기획하게 되었다. 인문학이란 사람의 이야기를 기본으로 하는데 그 삶에서 장애는 비장애인들이 경험하지 못한 특별한 이야기여서 사람들에게 감동을 준다.

특히 장애인예술은 장애예술인의 삶 속에서 녹아 나온 창작이라서 장애예술인 이야기를 책으로 만드는 〈누구?!시리즈〉는 꼭 필요한 작업이다. 이 책은 장애예술인의 활동을 알리는 소중한 자료가 될 것이기에 〈누구?!시리즈〉 100권 발간 목표를 세웠다. 의문과 감탄을 동시에 나타내는 기호 인테러뱅(interrobang)이 〈누구?!시리즈〉를 통해 새로운 감성으로 확산될 것으로 믿는다.

〈누구?!시리즈 100〉이 완간되면 한국을 빛내는 장애예술인 100인이 탄생하여 장애인예술의 진가를 인정받게 될 것이며, 100인의 장애예술인을 해외에 소개하면 한국장애인예술의 우수성이 K-컬처의 새로운 화두가 될 것이다.

_ (사)한국장애예술인협회

누구?! 시리즈 42

암전음악회 창시자 이상재
이상재 지음

초판1쇄 발행 2025년 11월 20일

지은이 이상재
펴낸이 석창우
펴낸곳 한국장애예술인협회(KDAA)
등 록 2025년 5월 7일
주 소 서울시 금천구 서부샛길 606, 대성지식산업센터 B동 2506-2호
전 화 (02)861-8848
팩 스 (02)861-8849
홈주소 www.emiji.net
이메일 klah1990@daum.net

값 12,000원

ISBN 979-11-993059-3-9 03810

주최
후원 문화체육관광부 한국장애인문화예술원

누구? 시리즈 42

암전음악회 창시자
이상재

이상재 지음

삶과 음악이 다르지 않은 행복한 클라리넷 연주자

나의 음악은 혹시 있었을지 모를 그런 장벽을 걷어내고
마음 깊이 소통하는 삶을 살도록 해 주었다.
그런 나의 음악, 나의 클라리넷에
그 무엇보다 큰 사랑과 감사를 보낸다.

도서출판 **KDAA**

여는 글

복합체로서의 음악, 다면체로서의 인간

내가 사랑하는 수많은 음악가들 중에 베토벤이 있다. 너무나 잘 알려진 음악가이지만 나에게 그 의미는 남다르다. 사람들은 그가 가진 천재성과 장애에 주목하여 '장애를 극복한 천재'라는 서사에 놀라워하고 경외심을 갖는다.

하지만 나는 그 이면에 있는 삶의 세목들이 더 눈에 밟힌다. 매우 철학적이고 깊은 음악을 했음에도 불구하고 생활인으로서의 그는 편곡비 몇 푼을 두고 실랑이를 벌여야 했다. 조카를 아끼고 가깝게 지내고 싶어 했으나 조카에게 존경받지 못했고 물려주고자 했던 유산도 직접 물려주지 못했다.

그의 음악에는 치즈 냄새도, 커피 냄새도, 시궁창 냄새도 없었지만, 그의 삶은 치즈 냄새와 커피 냄새와 시궁창 냄새로 가득했다. 그런 그의 삶을 알면 알수록 존경스러운 한편 때론 측은하고 때론 실망스럽기까지 하다.

한 사람의 삶이란 그런 것이다. 밝고 위대한 면이 있는가 하면 어둡고 신산스러운 면도 반드시 있다. 음악도 마찬가지다. 밝고 재기

발랄한 부분이 있는가 하면 끝도 없이 침잠하는 나락 같은 어둠도 있다. 음악인으로서의 삶은 어느 한 부분으로 이해될 수 없는 복잡다단한 것이다.

장애예술인으로서의 삶을 보여 주고자 하는 이 책도 그렇게 읽어 주면 좋겠다. 장애를 극복하고 미국 유명 음대 박사학위까지 받은 이상재, 카네기홀에서 공연한 세계 유일의 시각장애인 오케스트라 음악감독 이상재, 대학 교수 이상재가 아니라, 인간으로서의 숙명을 짊어지고 안간힘을 쓰며 계속 나아갈 수밖에 없었던 한 사람으로서 이해하고 공감해 주길 바란다.

그런 이해와 공감 속에 여러분의 삶을 비춰 보고 조금이나마 위로와 용기를 얻을 수 있다면 더 바랄 나위 없겠다. 바쁘게 종종거리며 살아온 탓에 긴 시간 차분하게 내 삶을 돌아보고 이런저런 사는 얘기를 해 본 시간이 거의 없다. 이런 기회가 나에게도 삶을 되돌아보고 남은 삶의 비전을 그려 보는 소중한 시간이었다. 감사한 일이다.

평생 감사드려도 모자랄 여러 사람의 목소리와 그들의 냄새가 떠오른다. 앞을 보지 못하는 탓에 목소리로 사람을 기억하고 판단하는 습관이 있다. 그것이 타인을 이해하는 데 장벽이 되지 않았길 간절히 바란다. 나의 음악은 혹시 있었을지 모를 그런 장벽을 걷어내고 마음 깊이 소통하는 삶을 살도록 해 주었다. 그런 나의 음악, 나의 클라리넷에 그 무엇보다 큰 사랑과 감사를 보낸다.

2025년 아름다운 선율을 느끼며
이상재

차례

여는 글 복합체로서의 음악, 다면체로서의 인간　　　12

우리 오케스트라는 올해 카네기홀에 가서 연주를 하게 될 것이다!　　　17

손끝에 닿는 점이 음악이 되기까지　　　24

클라리넷과의 만남　　　32

가족, 이웃, 신의 이해와 믿음으로　　　37

피바디(Peabody)의 유일한 시각장애인　　　44

피바디 최초의 시각장애인 음악박사　　　48

희망과 의심 사이에서　　　55

그래, 네 마음은 눈을 감고도 볼 수 있단다　　　60

나의 눈이 되고 발이 되어 준 이들	66
청중과 나의 판타스틱 모멘트	75
음악이 전하는 희망	82
커피, 술, 독서, 그리고 음악	89
관심이 필요할 때와 무관심이 필요할 때	95
장애예술인으로서의 자존감	99
아직 '처음'인 마음으로	103

?

16
누구 시리즈 42

우리 오케스트라는 올해 카네기홀에 가서 연주를 하게 될 것이다!

2007년 3월에 '하트시각장애인체임버오케스트라(이하 하트체임버)'를 창단하고 미국 카네기홀에 가서 연주를 해야겠다고 결심했다.

"참 나… 카네기가 서울로 이사를 왔어요?"

내 말을 듣고 오케스트라 단원이 내뱉은 첫마디였다. 그만큼 불가능에 가까운 계획이었다. 복지관의 지원이 끊기고 집을 담보로 대출을 받아 어렵게 이어 가고 있었지만 교통비, 식대, 연습실 대관비 등 돈 들어갈 곳은 태산 같은데 더 이상 돈 나올 구석이 없었다. 이름도 없는 시각장애인 오케스트라에 선뜻 지원해 주겠다고 나서는 단체도 찾기 힘들었다. 어느 날은 택시비를 내기 위해 카드를 내밀었는데 그 어느 것으로도 결제가 되지 않아 겨우겨우 현금을 모아 기사님께 드렸지만, 결국 300원이 모자라 기사님께 연신 죄송하다고 고개를 숙여야 했다.

'여기까지다.'라고 생각했다. 2010년 11월, 그토록 열정을 쏟아부었던 오케스트라를 해체해야겠다고 마음먹었다. 그러자 주위에선 남들이 하지 않는 획기적인 기획을 해 보는 게 어떻겠냐고 제안했다. 에베레스트 산에 올라가 연주를 한다든지 배를 띄워 놓고 연주를 해 보라는 식이었다. 그런 말들을 들으며 당장의 이슈는 될지 몰라도 웃음거리만 될 뿐이라고 생각했다.

그런데 퍼뜩 떠오르는 아이디어가 있었다. 바로 세계에서 가장 큰 무대인 카네기홀에서 연주를 하는 것이다. 거기서 연주를 한다면 사람들이 관심을 가지면서 뭔가 돌파구를 찾을 수 있을 거란 확신이 들었다.

2011년 1월, 단원들에게 가슴 뛰는 포부의 말을 전했지만 카네기가 서울로 이사왔냐는 농담 반 비아냥 반의 반응을 접해야 했다. 비장애인 단원 중 한 명이 무심코 내뱉은 말에 오히려 '어떻게 해서든 카네기홀에 꼭 선다. 내가 그걸 꼭 증명해 보이리라!'는 묘한 오기가 솟아났다.

미국 유학 시절 인연을 맺었던 세계 각국의 교수와 동기, 선후배, 선교사님들께 카네기홀 공연 성사를 위한 의사를 타진했고 그중 뉴욕 필하모니 부악장으로 있는 '미셸 김'이라는 한국인과 연락이 닿았다. 당장 오케스트라 연주 동영상을 보냈고, 미셸 김은 그에 "브라보!"라고 화답했다.

카네기홀 게시판에 걸린 공연 포스터(가운데)

미국 카네기홀 공연 Hearts of vision Chamber Orchestra(2011)

미국 카네기홀 공연 Hearts of vision Chamber Orchestra(2011)

시각장애인 오케스트라가 카네기홀에 서게 되었다는 소식에 정부 지원금과 기아·현대자동차와 같은 굴지의 대기업의 후원 등 1억 원이 넘는 후원금을 받게 되었다. 감사한 일이었지만 25명의 단원과 악기가 미국을 오가는 데는 그 돈으로도 충분하지 않아 다시 집을 담보로 대출을 받아야 했다. 이것이 카네기홀 개관 121년 만에 최초로 시각장애인 오케스트라 무대가 성사된 사연이다.

2011년의 첫 공연 이후 언론의 반응이 뜨거웠고 2015년 다시 한 번 카네기홀 무대에 섰다. 특히 첫 공연은 카네기홀 개관 이래 처음으로 '암전 무대'로 진행되어 그 의미가 컸다. 우리가 무대에 서자 무대와 객석 모두 조명을 끄고 어둠에 잠겼고, 지휘자도 악보도 없이 "하나, 둘, 셋, 넷!" 구령 이후 2시간 동안 베르디 오페라 '운명의 힘 서곡' 등 14곡을 연주했다. 관객들도 우리와 같은 마음이 되어 음악에 온전히 빠져들 수 있는 시간이었다. 연주가 끝나자 관객 600여 명은 뜨겁게 호응했다. 4차례의 앙코르 요청 박수와 3차례의 앙코르 연주를 했다. 가슴 벅찬 순간이었다.

그 큰 카네기홀 전체가 암흑에 잠겼던 순간을 다시 떠올려 본다. 어둠이 익숙한 우리는 보조단원들의 손을 잡고 무대에 올라 자리를 잡았다. 지휘자도 악보도 없었지만 우리는 앞으로 두 시간 남짓 펼칠 향연의 기운을 느낄 수 있었다. 수없는 연습을 통해 작은 기미로도 서로 통할 수 있었기에 '하나, 둘, 셋, 넷!' 구령 이후 우리는 하나 된 음악을 응축하여 터트릴 수 있었다. 조화로운 선율이 파도를 타듯 고조되었다 차분히 가라앉았다를 반복하며 때론 격정적으로 때론 부드럽게 음악의 물줄기를 이어 갈 수 있었다.

600여 명의 관객들도 그 선율에 올라탔다. 보이지 않았지만 충분히 느낄 수 있었다. 그들의 호흡과 감정이 음악에 심취되어 있다는 것. 보이지 않는 세계 속에서 연주자와 청중 모두 소리의 울림, 음악적 상상에 빠져들어 하나가 되었다.

연주가 끝나고 우레와 같은 박수 소리를 듣고 있노라니 너무나 벅찬 감동이 밀려왔다. 순간 빛이 들어오고 있음이 느껴졌다. 그것은 보이는 빛이 아니라 마음을 밝히는 빛이었다. 우리의 음악이 빛이 되어 카네기홀을 환하게 밝히고 있었다.

카네기홀 공연 이후 수많은 공연 제의가 들어왔다. 2015년 두 번째 카네기홀 공연에서는 세계적인 거장 노빌리스 피아노 트리오와 협연을 하며 35분이나 되는 베토벤 3중 협주곡을 한 치의 실수도 없이 서로의 호흡에 의지한 채 연주할 수 있었다.

손끝에 닿는 점이 음악이 되기까지

　지금의 '하트체임버'의 전신인 '하트하트오케스트라'는 복지관 산하 시각장애인 오케스트라로 창단되었다. 1997년 미국에서 박사학위를 받고 귀국한 뒤 모교인 중앙대학교를 비롯해 총신대학교, 한세대학교, 숭실대학교 등에서 강사 생활을 이어 가며 어렵게 생활해 나가던 중이었다. 그 와중에도 음악을 전공한 시각장애인을 찾아 함께 음악 활동을 해 나가길 희망했지만 모두들 생활이 어려워 모이기가 힘들었다. 그러던 중 오케스트라에 관심이 있는 복지재단의 도움을 받아 복지관 산하 오케스트라를 창단할 수 있었다. 그때가 2007년 3월이었다.
　5월 초부터 연습을 시작했고 그해 7월 19일에 서울 영산아트홀에서 창단 공연을 성황리에 끝낼 수 있었다. 언론에서 '세계 최초의 시각장애인 오케스트라'가 탄생했다는 기사가 쏟아졌지만 복지관과 뜻이 맞지 않아 지원이 끊기고 말았다. 어렵게 사람들을 모아 놓고 이대로 포기할 수는 없었다. 그나마 가진 재산인 집을 담보로 대출을 받아 '하트체임버'를 꾸려 가고 있던 중 카네기홀 무대에 설 수 있는 기회를 얻게 된 것이다.

　사람들은 영광의 순간만 기억한다. 기억되는 건 감사한 일이지만 그나마 그 기억도 오래가진 못한다. 당연한 일이다. 당사자만큼 그 순간이 있기까지의 시간이 쌓이지 않았으니 그만큼 빨리 잊혀질 수밖에 없다. 순간의 빛이 있기까지는 겹겹의 시간과 그 시간을 채우는 에너지가 필요하고 그것이 한순간을 오래오래 기억하게 한다. 카네기홀 공연뿐만 아니라 모든 무대가 내겐 오래 기억될 빛의 순간이다. 특히 '하트체임버' 공연은 나와 같은 처지의 동료들이 함께 호흡하며 만들어 낸 순간이기 때문에 더욱 그렇다.

　단원들이 모여 연습을 하려면 최소 2~3주 전에 점자 악보와 가이드 음원을 배포해야 한다. 가이드 음원이란 자기 파트의 소리를 높이고 배경 파트를 낮춰 자신이 연주해야 할 부분을 명확하게 들을 수 있는 음원을 말한다. 같은 곡이더라도 일반 오케스트라가 실황 연주한 음원을 듣고는 연습할 수가 없다. 우리 오케스트라는 오보에 등 없는 악기가 있기 때문에 관악 편성을 바꾸고, 창단 때부터 편곡을 맡아 주신 분의 편곡 과정을 거친다. 한 사람이 일반 오케스트라의 두 사람의 몫을 담당하게 되는 셈이다. 이렇게 우리 오케스트라의 연주는 비장애인 오케스트라와 다른 우리만의 음악을 완성하게 된다.

점자 악보를 손끝으로 읽으면서 그것을 전부 암기해야 한다는 건 어마어마한 부담이다. 연주자에게 시각은 단순히 악보가 눈에 보인다는 걸 의미하는 데에 그치지 않는다. 악보를 보면 그에 상응하여 손이 움직이고 이미지가 그려지며 머리에 음악이 생성된다. 하지만 시각장애인은 그것을 철저하게 머릿속 관념만으로 만들어 가야 한다. 그것을 보이지 않는 다른 사람들과 맞춰 가는 것도 어려운 일이긴 하지만, 연습 회차를 거듭하며 점점 완성되어 갈 때 빛의 순간에 다가가게 된다.

이는 마치 브람스 실내악을 들을 때의 느낌과 같다. 나는 브람스 실내악을 들을 때 대단히 치밀하다는 느낌을 받는다. 하나도 버릴 것 없이 모든 선들이 하나하나 살아 있는, 무엇이 무엇을 위해 있는 것이 아니라 모두 자신을 위해 자신의 목소리를 내며 그것이 자신의 승리가 되어 어우러져 하나의 집이 완성되는 느낌이다. 무엇이 무엇을 위해 존재하지 않고 오롯이 자신의 것이 되지만, 각각의 '자신'이 도드라지기만 하지 않고 잘 어울리는 매력적인 음악이다. 이것이 내가 브람스 실내악을 좋아하는 이유이자 우리 오케스트라를 사랑하는 이유이다.

우리 오케스트라 단원들은 장애인도 있고 비장애인도 있지만 모든 사람들이 그렇듯 각자 자기만의 삶의 사연들이 있고 자기만의 음악 색채를 가지고 있다. 그것을 표현할 수 있는 자리가 마땅하지 않아 전전긍긍했던 그들은 '하트체임버'에서 비로소 빛

하트체임버오케스트라

하트체임버오케스트라

을 발할 수 있었다. 비장애 단원들은 시각장애인 단원들의 보행과 식사 등을 돕기도 하며 스태프로서의 역할을 하기도 한다. 그래서인지 모두 가족같이 어울리며 연주회를 마치면 소주 한잔 기울이면서 사는 얘기, 음악 얘기를 나누곤 한다.

카네기홀에서 연주를 하기 전에는 해체 위기에 있던 오케스트라가 이제는 제법 안정적으로 운영되고 있다. 2013년 문화체육관광부에서 선정한 제1호 사회적 협동조합이 되었고, 두 번째 카네기홀 무대 이후 2016년부터는 문화체육관광부의 지원을 받기 시작했다. 덕분에 네 차례의 미국 공연과 러시아(모스크바), 영국(런던), 일본, 루마니아 등에서 무대를 가졌다.

2024년 4월에는 청와대 춘추관에서 제44회 장애인의 날을 기념하는 연주를 했으며, 10월에는 미시간 국제음악제에서 세계적인 피아니스트 마르가리타 쉐브첸코와 함께 협연을 하기도 했다.

또 국내 연주도 활발히 하고 있다. 산간 벽지의 해양 경찰관, 바빠서 연주장을 찾기 힘든 소방관·경찰관 등 관공서 직원을 위한 음악회를 비롯해 '아름다운 우리 땅 독도 음악회'에서도 연주했다. 또 지자체 후원 문화회관 연주, 대기업 직원을 위한 연주도 자주 하고 있다.

2023년에는 전남 고흥군 녹동의 한 고등학교 관계자가 우리 오케스트라의 연주 영상을 보고 연주를 의뢰해 왔다. 연주자뿐만 아니라 악기까지 버스로 왕복 11시간을 이동해야 했기 때문에 체

청와대 장애인의 날 특별음악회(2024)

력적인 부담이 큰 무리한 일정이었다. 정중하게 고사했지만 거듭된 부탁으로 8월 22일 공연을 하게 되었다. 바이올린이나 플루트 같은 한 번 보지도 못한 악기의 소리를 듣고 그 소리의 어울림을 느끼게 될 뿐만 아니라 그것이 시각장애인 오케스트라의 연주라면 학생들에게 그 의미가 얼마나 크겠냐면서 수차례 연락을 주었던 것이다. 이 역시 무척 보람 있고 행복했던 순간이다.

해체 위기를 넘기며 어렵게 이끌고 있는 '하트체임버'가 나에겐 또 하나의 가족이 되어 주고 각자의 음악을 펼칠 수 있는 공간이 되었고 모두에게 음악의 힘을 알릴 수 있는 기회가 되었다.

클라리넷과의 만남

나는 1967년 경남 진해에서 태어났다. 아버지는 해군사관학교 출신으로 경남 진해에서 해군 장교로 근무하고 계셨다. 벚꽃 축제로 유명한 고장에서 나는 친구들과 골목길을 내달리며 평범한 어린 시절을 보냈다. 그러다 일곱 살에 큰 교통사고를 당해 시신경이 손상되었다. 골목길을 뛰어다니며 술래잡기를 하다가 당한 사고였다. 다리 등 전신을 크게 다쳤지만 시력에 문제가 있다는 건 몰랐다. 어느 날 사탕 껍질을 코앞까지 가까이 가져와 까는 걸 어머니가 보고 병원에 갔다. 3년 동안 부산과 서울을 오가며 9차례나 수술을 받았지만 조금씩 시력을 잃어 갔고 학령기가 되자 부산 맹학교에 입학했다.

열 살 여름방학이 시작될 무렵 학교 기숙사에서 짐을 챙겨 집으로 돌아가는 길이었다. 버스를 타고 가면서 "엄마, 오늘은 버스에 등이 하나도 안 켜졌나 봐?"라고 말했던 기억이 있다. 아들이 시

?

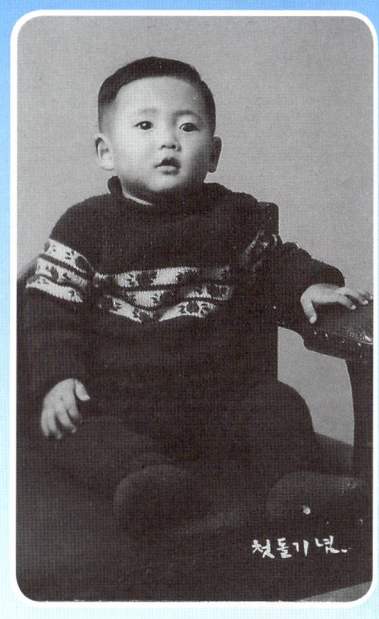 

돌사진   6세 때

력을 완전히 잃게 되었다는 걸 알게 된 어머니가 우시던 것도 기억 난다. 하지만 어머니는 한탄만 하지 않으셨다. 아들이 하고자 하는 일은 무엇이든 도와주셨다.

"보이지 않아도 괜찮다. 너는, 모든 걸 남들과 똑같이 할 수 있어!"

이미 맹학교에 입학해서 주변의 친구들, 형들이 모두 시각장애인이었기 때문에 '나도 이제 주변 친구들이나 형들처럼 되겠구나.' 생각했을 뿐이다. 갑자기 인생이 바뀌거나 큰 절망을 느낀 것은 아니라는 말이다. 다만 하고 싶은 음악을 마음껏 할 수 없는 게 아쉬웠다. 지방의 맹학교에는 악기가 단 한 대 있는 풍금뿐이었다. 그마저도 일주일에 딱 한 번인 조회 시간에만 그 소리를 들을 수 있고 그 외의 시간에는 잠겨 있어 열어 볼 수도 없었다. 피아노를 배우고 싶었지만 피아노 학원은커녕 피아노도 구경하기 힘든 시절이었다.

어릴 때 집에는 아버지가 월남전에서 돌아오실 때 가져오신 전축과 LP판이 있었다. 그걸 들으면서 클래식 음악과 만날 수 있었고 그 후로도 늘 음악에 관심이 있었다. 피아노를 배울 수 없다면 노래를 해 봐야겠다고 교내 노래자랑 대회에 나가 1등을 하기도 했고, 기독교방송 월장원전에서 2등을 하기도 했다.

초등학교 4학년이 되면서 서울로 이사를 갔다. 서울의 맹학교에는 클래식 합주부가 있었다. 당장 합주부에 가입하는 건 내겐 당연한 일이었다. 선생님께서는 바이올린을 권하셨지만 왠지 그 소리가 답답하게 느껴지고 적성에 맞지 않았다. 대신 클라리넷 소리에 빠져들었다. 늘 듣고 다니던 2,500원짜리 휴대용 카세트에 '그리그 피아노 협주곡'이나 '슈만 피아노 협주곡' 등을 듣고 다녔는데 거기서 흘러나오는 클라리넷 소리가 묘하게 끌렸다. 중학생이 되어서도 당연히 밴드부에 가입했고 선생님은 색소폰을 권했지만 나는 늘 이끌렸던 클라리넷을 연주하고 싶다고 말씀드렸다. 선생님은 색소폰을 연주하기 전에 클라리넷을 연주해 보는 것도 좋겠다고 하셔서 비로소 클라리넷을 시작할 수 있었다.

당시에는 클라리넷 전공으로 대학에 입학하게 될 줄은 꿈에도 몰랐다. 볼 수 없게 되자 상상할 수 없을 만큼 소리에 민감해진 탓에 클라리넷 소리의 매력에 더 푹 빠졌던 것 같다. 플루트가 청아하면서도 날카로운 소리를 낸다면, 클라리넷은 부드럽고 포근한 소리를 낸다. 합주를 할 때는 다른 악기 소리를 감싸 주는 역할을 하기도 한다. 나랑 잘 어울리는 악기를 운명적으로 만났다는 생각이 든다.

고등학교 1학년 때 로린 마젤의 프랑스 국립관현악단 내한 공연 소식을 듣게 되었다. 모아 놓은 용돈 만이천 원으로 티켓을 끊고 세종문화회관 3층 맨 뒤 둘째 좌석에 앉아 드보르작의 '신세계 교향곡' 연주를 들었던 순간을 아직도 기억한다. 클라리넷 음색에 완전히 빠져 들었던 나는 클라리넷 전공이라는 내 인생의 진로를 정했다. 음악을 전공하겠다고 하자 부모님과 선생님들은 모두 반대하셨다. 특수교육학과에 진학해서 교사로서 안정적인 삶을 꾸려 가길 바라셨기 때문이다. 당시 집안 형편으로는 악기를 사는 것도, 레슨비를 감당하는 것이 벅찼던 이유도 있었다. 하지만 나는 확고했다. 소리에 대한 이끌림과 음악의 아름다움이 막무가내로 나를 이끌었다.

지금까지 음악을 해 오면서 클라리넷을 선택한 걸 후회한 적이 없다. 보이지 않는 것이 음악을 하는 데에 있어 여러 장벽을 만들긴 했지만, 청중을 보느라 집중력을 잃는 일이 없이 나의 음악적 의지에 충분히 빠져들 수 있다는 것이 나만의 장점이 되었다. 눈치를 보지 않고 청중들이 어떤 반응을 하든 나는 나의 음악 세계에 빠져 그것을 충분히 표현해 내겠다는 의지. 연주하면서 점점 부풀어 오르는 예술적(음악적) 상상이 어느 시점 확 터져 나오기까지 에너지를 응축할 수 있었다.

나의 예술적 상상이란 시각적인 겨울바다, 눈 내리는 산장 같은 이미지가 아니라 음악적 톤과 분위기와 같은 것이었다. 귀에 집중하는 강도가 비장애인들은 상상할 수 없을 정도이기 때문에 소리의 시간성(음악적 시간)과 소리의 모양에 자연스럽게 집중하게 된다. 각각의 소리들이 작아졌다가 다시 터져 나오기까지의 시간, 또 그다음 시간을 기대하게 되는 소리의 모양들. 그것을 꺼내 보여 줄 수 있는 나의 악기가 클라리넷이어서 좋았다. 이 마음은 이후로도 변치 않았다.

가족, 이웃, 신의 이해와 믿음으로

사춘기 시절의 방황은 지금의 내 모습으로는 상상하기 힘들 정도였다. 처음 시력을 완전히 잃었을 무렵에는 그것에 대해 큰 충격을 받지는 않았는데, 사춘기가 찾아오면서는 내 모습이 비루해 보여 견딜 수가 없었다. 근처 진명여중 학생들이 책을 읽어 주는 봉사활동을 왔었다. 또래 이성의 목소리를 들으며 내 모습이 어떻게 보일지 상상하자 참을 수 없는 자기모멸이 밀려왔다.

중학교 3학년 때는 공원에서 기타를 치며 노래를 부르다 시비가 붙었다. 시끄럽다고 욕하는 비장애인들과 한바탕 싸움을 벌이고 터덜터덜 집에 돌아가던 길이었다. 할머니 한 분이 혀를 차며 '왜 그러고 사냐, 어느 교회 가서 3개월만 기도하면 눈 뜰 수 있는데…'라고 하는 게 아닌가. 지금이야 그런 말에 그냥 웃어넘길 테지만, 그때는 정말 믿었다. 밑져야 본전이라는 생각을 했던 것 같다. 신통하다는 그 교회 철야기도회를 한 주도 빠짐없이 나갔

7세 때 동생들과 함께

바닷바람에 한껏 신났던 10세 때

다. 밤 10시부터 새벽 5시까지 간절히 기도했지만 3개월이 지나도 보이지 않는 건 그대로였다. 할머니에게 속은 게 분했다.

하지만 청소년기 호된 방황 속에서도 클라리넷은 놓지 않았다. 형편이 넉넉하지 않아 개인 레슨은 고등학교 3학년이 되어서야 겨우 받을 수 있었는데, 당시 재현중학교 음악 교사로 계셨던 서기영 선생님께서 레슨을 해 주셨다. 악보를 일일이 읽어 주시며 용기를 복돋아 주시던 선생님이 안 계셨다면 음대 입시 준비는 불가능했을 것이다.

서기영 선생님뿐 아니라 서울맹학교 선생님들 모두 잊을 수 없는 은사님이시다. 특히, 밴드부 지도 선생님으로 나에게 클라리넷을 연주할 수 있도록 허락해 주시고 늘 용기를 주신 최영식 선생님을 잊을 수 없다. 나를 지지하고 응원해 주신 선생님의 마음과 늘 웃음으로 격려하신 목소리, 그 따뜻함은 오래 간직할 보물이다. 마음속에 평생 간직할 감사고 기쁨이다.

가족들도 물론 늘 물심양면의 도움을 주었다. 어머니는 일일이 책을 읽어 카세트테이프에 녹음해 주셨다. 학년이 올라갈수록 책도 많아지고 두께도 만만치 않았는데도 어머니는 전공책까지 일일이 녹음해서 보내시곤 했다. 음악사에 관한 책은 1천 페이지가 넘는데도 그걸 다 녹음하셨고, 그렇게 어머니가 녹음한 카세트테이프가 수백 개가 넘는다. 아버지께서는 아들의 유학 비용을 대기 위해 다니던 직장을 그만두고 정수기를 팔러 다니셨다. 남동생도 내 연주 영상을 찍어 주거나 대학원 원서를 함께 작성해 주는 등 늘 옆에서 도움의 손길을 놓지 않았다.

 힘든 입시 준비 과정을 거쳐 원서를 쓰는 시기가 왔다. 그때는 특례 입학 제도가 없어서 아예 원서를 받아 주지 않는 학교들이 많았다. 중앙대에서는 '서류 접수는 해 줄 수 있지만'이라며 마지 못해 접수해 주었다. 불안과 분노가 마음속에서 요동쳤다.
 원서를 넣은 저녁, 비슷한 처지의 시각장애 친구들과 모였다. 입학은 힘들 것 같고, 그렇다고 취업을 할 수도 없을 것 같고, 집으로 돌아가기도 면이 서지 않았다. '야, 힘드니, 그냥 죽자!'고 누군가 내뱉었고 다들 동의했다. 소주를 열댓 병 사서 공원으로 갔다. 빙 둘러앉아 물마시듯 마시다 보니 취기가 돌고 잠이 왔다. 서로 뒤엉켜 정신을 잃으며 '내일 아침이면 우리 다 죽는다…'고 중얼거렸다. 추운 겨울이었으니 그대로 있었다면 아마 다들 죽었을 것이다.

 하지만 모두 살았다. 새벽에 큰 개를 데리고 산책을 나온 분이 우리를 발견하고 경찰에 신고해 주셨다. 신고를 하고도 마음이 놓이지 않았는지 우리를 깨워 인근 여관으로 데리고 갔다. 여관에서는 눈 감은 사람은 받지 않는다며 내쫓았는데 그분은 그런 우리를 집으로 데리고 가셨다. 단칸방이었는데 자고 있던 여동생을 깨워서 내보내곤 우리를 재워 주셨다. 말 그대로 생명의 은인이셨다. 지금은 소식이 끊겨 너무나 안타깝고 죄송스럽다. 이름 석 자도 '최태○'으로 끝자가 가물가물하여 찾기 힘들지만, 꼭 찾아 뵙고 인사를 드리고 싶다. 그분은 며칠 후 다시 우리를 찾아 학교에 오셨다. 그리고 학교 앞 분식집에서 우동을 사 주시며 평생 잊을 수 없는 말씀을 하고 가셨다.

"귀한 목숨이다. 희망을 잃지 말고 살아야지…."

종교의 힘도 나를 지탱할 수 있게 한 중요한 부분이다. 3개월 기도하면 눈을 뜰 수 있다던 할머니에게 속은 이후로 누가 교회를 가자고 하면 그 얘기를 하며 교회 필요없다고 면박을 줬었다. 그도 그럴 것이 대학 입학 후에는 4년 내내 수석 장학금에 수석 졸업을 했고, 유학도 유학원 도움 없이 미국 피바디 음대 입학 허가를 받아 냈다는 사실 때문에 스스로 대단하다고 하늘을 찌를 듯한 자신감을 갖고 있었기 때문이다.

하지만 미국 유학 시절 어느 집사님이 비빔밥 먹고 싶지 않냐며 교회에 가자고 할 때, 솔직히 매운 고추장이 든 한국 음식이 너무 먹고 싶어서 워싱턴에 있는 민족장로교회에 가게 되었다. 추수감사절 예배였고, 목사님은 내게 특별 연주를 부탁했다. 뭘 연주할까 하다가 예전에 한참 불렀던 '괴로울 때 주님의 얼굴 보라'를 택했다.

연주를 시작하기 전에 목사님 설교를 들었다. 데살로니가전서

5장 16절 이하의 말씀을 통해 '감사할 제목이 얼마나 많은가'를 주제로 설교하셨다. 그런데 갑자기 귀가 먹먹해지면서 그동안의 일들이 컬러 텔레비전을 보듯이 눈앞에 선명하게 펼쳐지기 시작했다. 볼 수 없게 된 지가 벌써 십 몇 년 전인데, 교통사고를 당한 일이며, 대학교 원서를 받아 주지 않아 펑펑 울었던 일이며, 학교 도움 청하지 않겠다고 각서 쓰고 집에 와서 거지 같은 세상이라고 분노를 터트린 일들이 주마등처럼 스치며 눈앞에 보였다. 그와 동시에 마음에서 들리는 음성이 있었다.

"내가 지금까지 너와 함께 있었다…."

내가 너의 손을 잡고 여기까지 인도해 왔는데, 왜 너는 그걸 모르냐는 하나님의 음성이었다. 지금까지 내가 잘나서 모든 역경을 극복한 줄 알았는데 그게 아니었다는 걸 깨달았다. 양복 위로 눈물이 떨어졌다. 앞에 나가 '괴로울 때 주님 얼굴 보라'를 연주할 때는 얼굴이 눈물로 범벅이 되었다. 그렇게 하나님을 만난 이후로 나를 되돌아보고 주위에 진심으로 감사할 수 있게 되었다.

피바디(Peabody)의 유일한 시각장애인

　가족, 이웃의 이해와 신뢰, 신의 인도와 믿음으로 나는 대학에 입학하여 장학금을 받으며 무사히 졸업할 수 있었다. 수석 졸업의 영예를 안기도 했다. 하지만 현실은 여전히 녹록하지 않았다. 지휘자를 볼 수 없다는 이유로 시각장애인을 받아 주는 오케스트라가 없어서 방황하던 중 시각장애인으로서 할 수 있는 일은 가르치는 일밖에 없겠다고 생각해 미국 유학을 준비하게 되었다. 동생과 영한사전을 뒤적여 가며 대학원 원서를 썼고 연주 영상을 찍어 보냈는데 놀랍게도 입학 허가를 받았다. 미국 3대 명문 음악대학 중 하나인 존스 홉킨스 피바디(Peabody) 음대였다.

　35kg짜리 가방 4개를 들고 미국으로 떠났다. 당시 피바디에는 전체 700여 명의 학생 중 시각장애인은 나밖에 없었다. 그런데도 나를 위해 학교는 엘리베이터 및 각종 시설에 점자 표지를 붙였고 공고를 통해 공부를 도와줄 도우미를 구해 주었다. 수업 시간에 교수님의 판서를 불러 주거나 악보를 대필해 주는 도우미는

내게 없어서는 안 될 존재였다. 수강하는 과목의 교수님들은 모두 첫 수업이 끝난 후 나를 불러 어떻게 도와주어야 하는지를 물으시고 최대한 배려해 주셨다.

피바디에 입학한 지 채 석 달이 되지 않아 음악 세미나 수업에서 주제 발표를 하게 되었다. 발표 6주 전에 연구 주제를 정했고 한 달 동안 자료를 수집하고 그 내용을 숙지하며 밤을 새워 원고를 준비했다. 25분 길이의 원고를 하루에도 6~7회씩 읽고 또 읽었다. 발표 하루 전에는 미국 친구에게 부탁해서 발음 교정과 제스처 코치까지 받았다. 학교의 유일한 시각장애인이 발표를 한다는 점 때문에 이목이 집중될 것이기 때문이다.

막상 발표 당일에는 그다지 떨리지는 않았다. 하지만 수업을 듣는 학생들, 교수님들 모두 숨을 죽이며 몰입하는 것이 느껴져 강의실에는 긴장감이 감돌았다. 준비한 25분의 발표를 마치니 입에 침이 말랐다. 교수님과 동료들은 뜨거운 박수 갈채로 응원해 주었다.

"이런 주제 발표는 여러분들이 녹음을 해 두었다가 몇 번 다시 들어 볼 수 있다면 공부에 큰 도움이 될 것입니다. 내용이 알차고 주제 전달이 분명한 발표였어요."

지도교수님이 이런 높은 평가를 내려주시자 기분이 날아갈 것 같았다. 과찬에 쑥스럽기도 했지만 그동안 기울인 노력이 헛되지 않은 것 같아 무척 뿌듯했다. 그렇게 한 학기가 훌쩍 지났고 성적은 '올A'였다. 그때부터 자신감이 생겨 뭐든 해낼 수 있을 것 같았다.

  남은 과정들도 그런 자신감으로 열심히 해 나갔다. 다른 사람들은 보면대 위에 악보를 놓고 보면서 연습할 수 있지만 나는 모두 외워서 해야 했기에 식사도 거른 채 연습에 몰두했다. 그 외에도 제출해야 하는 연구보고서가 한 학기에 몇 개씩 있었기 때문에 도움 받을 사람을 구하느라 이리저리 뛰어다녀야 했고 이 방 저 방 방문을 두드리며 '헬프 미!'를 외친 적도 한두 번이 아니었다. 악기를 메고 지팡이를 짚으며 빈 연습실을 찾아 돌아다녔고 피곤에 지쳐 입은 옷 그대로 침대에 쓰러진 적도 많았다.

  공부에 자신이 붙으면서 나는 또 다른 도전을 하기로 했다. 1993년 2월 석사 졸업을 3개월 남겨 놓고 박사과정에 진학해야겠다고 결심했다. 피바디 박사과정에 입학하려면 10대 1에서 심할 때는 30대 1에 이르는 높은 경쟁률의 시험을 통과해야 했다. 3, 4년씩 그 시험에만 매달려서 공부해도 통과하지 못하는 경우가 생길 만큼 어려운 시험이다. 시험평가에는 세 분야가 있는데 그중 연구보고서는 석사과정 1년 반 동안 제출했던 것들 중 가장 평가가 좋았던 것을 골라 여러 차례의 수정을 거쳐 제출했다. 연주 분야는 이전 학기에 가졌던 석사학위 독주회에서 최고의 점수를 받았으므로 크게 걱정하지 않았다. 문제는 인터뷰였다. 많은 학생들이 교수들의 날카로운 질문에 말문이 막혀 머뭇거리다가 그냥 나온다는 가장 어려운 시험이었기 때문이다.

30분 정도 진행된 인터뷰에서 나는 교수님 네 분의 질문에 차분하게 내가 알고 있는 모든 것을 설명했다. 연주를 할 때처럼 소리에 집중하고 그것에 맞물려 나오는 관념들을 말로 풀어낸 시간이었다. 인터뷰를 마치고 나올 때의 심경은 아무런 후회도 남지 않는 홀가분함 그 자체였다.

한 달이 지난 뒤 박사과정 입학 허가서를 받았다. 그해 박사과정 입학생은 100여 명의 지원자 중 단 8명이었고, 그 8명 중에서도 클라리넷을 전공하는 학생은 나 혼자뿐이었다. 뿌듯하기도 했지만 그보다 미국 학생들 속에서 홀로 그 과정을 헤쳐 나갈 생각을 하니 걱정이 앞섰다.

박사과정에 입학하고 보니 수업 방식이 석사과정과는 또 달랐다. 매주 3시간이 넘는 자유토론에 참여해야 했고, 외부에서 초빙된 강사들의 강의를 들어야 했다. 토론을 하고 강의를 듣기 위해 읽고 정리해야 하는 자료가 태산이라 밥 먹고 자는 시간 외엔 모두 거기에 써야 했다. 아니 밥 먹고 자는 시간도 줄여야 했고, 어떻게 시간이 흘러가는지 모를 지경이었다.

그해 12월 22일, 과제 마감 시간을 3분 남겨 놓고 마지막 보고서를 제출하고는 침대에 쓰러졌다. 이틀 동안 내리 잠만 자다 일어나 보니 크리스마스 이브였다. 그렇게 또 한 해가 저물어 간다는 생각에 감회에 잠겼던 기억이 난다.

피바디 최초의 시각장애인 음악박사

 목표가 있는 사람은 온몸의 에너지를 응축하여 분출하게 되는 것 같다. 미국 유학 시절의 내가 그랬다. 특히 박사학위 논문을 작성할 때는 매시간 모든 힘이 논문에만 할애되었다. 좀 더 집중력을 발휘하기 위해 1996년 12월 17일 기숙사를 나와 혼자만의 공간으로 갔다. 학교 근처에 조그마한 스튜디오를 얻어 이사하게 된 것이다.

 기숙사에서는 아침 일찍부터 저녁 9시까지 악기 소리가 끊이지 않았다. 연습실이 부족해 학생들이 방에서 연습했기 때문이다. 평소에는 아름다운 음악이지만 논문을 작성하는 시간에는 소음으로 느껴질 수밖에 없었다. 기숙사를 나가면 경제적으로도 힘들고 불편한 점도 많았지만 남은 5개월 안에 논문 작성을 끝내기 위해 특단의 조치를 취한 것이다.
 1997년 1월 중순 논문의 서론과 1장 앞부분의 초고를 완성하고, 지도교수님이신 스프랭클 박사님께 찾아가 자문을 구했다. 논문 주제가 프랑스 20세기 음악이었으므로 녹음테이프가 수십 개에 참고한 자료가 2천여 페이지에 달했다.

"자네, 꼭 5월에 졸업해야 하겠나? 이 논문은 우선 연구 주제가 너무 까다롭고, 분석해야 하는 곡들이 20세기 작품 전반이다 보니 참고 문헌 양도 너무 방대하네. 논문 작성 기간을 1년 정도는 잡아야 할 걸세."

스프랭클 교수님은 내 초고를 읽고 이렇게 말씀하셨다. 충분히 납득이 되는 걱정과 충고였지만 나는 서기영 선생님과 부모님이 떠올랐다.

고등학교 때부터 악보를 직접 읽어 주시고 미국으로 온 이후에는 직접 점자를 배워 점자 악보를 만들어 보내 주셨던 서기영 선생님. 점역해야 하는 자료를 맡기러 동분서주하시고 늘 기도하며 용기를 북돋아 주시는 부모님을 생각하면 하루 빨리 박사학위를 받아야 했다.

내 사정을 들으신 교수님은 한참을 고민하시다가 매주 두 차례 시간을 내어 도와주겠다고 하시며 수락해 주셨다. 6년 전 처음 주제 발표를 하던 때를 떠올리시고는 나의 성실과 열정을 믿는다고 말씀하셨다. 감사한 일이다.

부모님과 은사님, 교수님의 기대에 부응하고 나 자신과의 약속

피바디에서 박사학위를 받고

훌륭한 가르침을 주신 피바디 키트 선생님과 함께

을 지키기 위해 에너지를 더욱 끌어올려야 했다. 지적해 주신 부분을 수정하고 문장을 다듬고 새로 문헌을 찾아 각주를 달기에는 매주 두 차례 교수님과의 만남이 너무 일찍 돌아왔다. 아침은 우유 한 잔으로 때우고 부엌에 서서 1, 2분 만에 끼니를 해결했다. 설거지할 시간이 아까워 일회용품 식기를 사용했고, 잠을 쫓기 위해 커피와 홍차를 물처럼 마셨다. 하루 두 시간 정도밖에 자질 못했으니 일어나려면 몸이 천근만근이었다. 자명종 시계 2개와 라디오를 2분 간격으로 맞추어 놓고 겨우겨우 몸을 일으켰고 그래도 잠이 깨지 않아 욕실로 달려가 찬물을 계속 끼얹었다. 학교 가는 길에 깜빡 졸다가 차에 칠 뻔한 일도 있었다.

"피바디 음대 150년 역사상 최초의 시각장애인 박사!"

남들이 듣기엔 화려하고 대단하게 느껴질 이런 수식어를 내 이름 앞에 놓을 수 있기까지 이처럼 힘들고 어려운 시간이 있었다. 하지만 뿌듯함이 더 컸다. 1997년 3월 7일 박사학위 받기 위한 최대의 관문인 구두시험이 있던 날도 그랬다. 지금 하려고 해도 치르기 힘든 시험이었지만, 마지막에 '브라보!'라고 외치는 교수님의 한마디에 모든 힘듦이 눈 녹듯 사라지고 한마디로 표현하기 힘든 복잡한 감정이 찾아왔다. 그리고 그때의 감정은 지금까지 어엿한 예술가로 살아갈 수 있는 자양분으로 남아 있다.

그동안의 습관 탓에 전날도 2시간 반 정도밖에 못 자고 일어나 발표할 내용을 몇 번씩 다시 꼼꼼하게 확인하고 샤워를 했다. 할 수 있는 최선을 다해 준비한 공부인 만큼 온 정성을 기울여 나를 가꿨다. 가장 멋지고 깨끗한 옷을 꺼내 입고 학교에 가서 마음을 진정시키기 위해 모차르트 음악을 들었다. 무척이나 긴장되었지만 다행히도 발표를 시작하자 차분하게 마음이 가라앉았다. 역시 난 무대 체질인가 보다고 생각했다.

까다롭기로 유명한 구두시험은 25분간의 학위논문 요약 발표, 논문에 대한 학위심사위원회와의 인터뷰, 2개의 특별 주제에 대한 40분간의 토론으로 진행되었다. 특별 주제 토론의 경우 서로 다른 연주자들이 같은 작품을 연주한 것을 듣고 그 특징을 서로 비교하여 설명하는 것과 2000년 서양음악사 역사 속의 어느 한 곡을 듣고 그 작품이 작곡된 시기와 작곡가 맞추기, 그 작곡가의 작품 특징과 양식 분석을 해야 해서 무척 어려웠다.

2시간 남짓한 시간이 지나고 '브라보!'라는 탄성이 울리며 결과 발표가 났다. 네 분 교수님들 모두 악수를 청하며 축하해 주셨다. 한 분은 '상재가 내 수업 시간에 와서 베토벤 교향곡 강의를 해 주어야겠다.'며 베토벤에 관한 내 발표가 인상적이었음을 표현해 주셨다.

발표장을 빠져나와 걸어나오는 내 동작이 슬로모션처럼 느리게 느껴졌다. 그동안 너무 숨가쁜 시간을 거쳐 왔기 때문일까. 기숙사 가는 길 벤치에 앉아 초봄의 차갑지만 신선한 바람을 느꼈다. 바람은 내 몸 구석구석 깊숙한 곳까지 들어와 나를 어루만졌다. 마치 수고했다고 말해 주는 듯했다.

집으로 돌아와 편의점에서 사 온 냉동피자를 데워 놓고 식탁에 앉아 있노라니 내 몸 깊숙한 곳에서 눈물이 터져 나왔다. 학교 벤치에서의 바람이 퍼올린 눈물이 혼자만의 방에 들어오자 봇물처럼 터져 나온 것이다. 벅차오르는 감정 안에는 외롭고 뿌듯하고 애처롭고 허망한, 이 세상의 모든 감정을 뭉쳐 놓은 덩어리가 들어 있었다. 피바디에서의 6년이 떠오르며 인생의 한 막이 지나가고 있다고 느꼈다.

희망과 의심 사이에서

베토벤 교향곡을 좋아한다. 관현악기의 소리 하나하나가 잘 살아 있는 브람스 실내악도 좋아하지만, 모든 악기가 웅장하게 어우러지며 굴곡진 서사가 담겨 있는 교향곡도 아주 매력적이다. 베토벤 교향곡 5번 C단조에는 '운명'이라는 별칭이 붙어 있다. 유독 한국인에게 더 깊은 울림을 주는 모양인지 한국에서 대중적으로 쓰이는 별칭이 붙었다.

독일 음악사학자 파울 베커는 5번 교향곡의 각 악장에 '몸부림(Struggle)', '희망(Hope)', '의심(Doubt)', '승리(Victory)'라는 별칭을 달았다. 내 인생의 행로를 여기에 빗대 본다면 여기까지가 '몸부림'의 과정이었다고 할 수 있겠다. 힘들게 미국 유명 음대의 박사까지 되었으니 이제 '희망'이 찾아올 순간이 아닌가 생각하기도 했다. 물론 쉽지는 않을 거라고 예상했지만 박사 졸업 후 한국에 돌아오자 예상보다 더 냉대가 심했다.

언론에서는 최초의 시각장애인 박사라고 추켜세웠지만 대학의 반응은 차가웠다. 애초에 시각장애인으로서 가르치는 일을 하고 싶어서 유학길에 올랐는데 대학에서 자리를 내주지 않으니 실망이 컸다. 오히려 미국에서 다른 잡생각 없이 오직 목표를 향해 묵묵히 달려갈 때가 행복하지 않았나 싶었다. 그럼 미국 유학 시절이 '희망'이었고 이제 '의심'의 단계가 시작되는 것인가 생각하기도 했다. 2000년 무렵에는 한 번에 5곳의 시간강사로 일하다가 간 수치가 900까지 올라간 적도 있었다.

시각장애인으로서 생활하기에는 미국이 나을 거라며 다들 미국에 남길 권했지만 나는 한국의 은사님과 부모님 은혜를 생각하며 한국의 학생들을 만나기 위해 귀국했다.

중앙대학교를 비롯해 총신대학교, 한세대학교, 숭실대학교 등의 학교를 오가며 학생들을 가르쳤다. 계원예고에서도 학생들을 가르쳤는데, 어린 학생들의 생기로움을 느낄 수 있었지만 한국의 입시 제도에 학생들이 메말라 가고 있다는 인상을 지울 수 없었다.

학생들은 내 강의를 좋아했다. 음악으로 교감하며 내가 배운 것을 소리로 충분히 전달할 수 있었으므로 학생들이 배움을 얻어 가기에는 나의 장애가 문제될 것이 없었다. 나는 학생들에게 항상 '음악은 보이지 않는 세계와의 교감'이라고 설명한다.

'희망'과 '의심' 사이에서 '희망'으로 나아가기 위해 부단히도 애썼던 시간이었다. 2007년 '하트하트체임버오케스트라'(2007년 창단 당시 명칭이다)를 창단한 것도 그중 하나였다. 창단의 기쁨도 잠시, 해체 위기를 겪어야 했지만 우리의 연주는 사람들에게 희망의 메시지로 받아들여졌다. 처음에는 음악을 진로로 했던 나의 선택이 잘못되지 않았다는 걸 증명하고 싶어 시작한 일이었다. 그리고 음악을 선택하고 싶은 후배들에게도 할 수 있다고, 잘못된 선택이 아니라고 보여 주고 싶었다.

1997년 귀국하면서부터 시작된 11년의 강사 생활 끝에 2008년 어렵게 나사렛대학교에 전임으로 임용이 되었을 때 나는 보다 안정적으로 학생들과 만날 수 있음에 감사했다. 음악이 잘못된 선택이 아님을 보다 가까이에서 얘기할 수 있었다. 학생들 하나하나의 개성을 좀 더 살펴야겠다고 생각했다.

강사로 이 학교 저 학교 다닐 때에는 한 학기만 만날 수 있는 학생들이었기에 섬세하게 살필 수 없었다. 이제는 학생 개개인의 실력과 개성에 맞게 맞춤 수업을 할 수 있었다. 당연히 학생들도 만족해하고 나를 잘 따랐다.

하지만 학생들은 나를 무서워하기도 했다. 갑자기 던지는 날카로운 질문 때문이었던 것 같다. 아마도 미국에서 공부하며 자연스레 익힌 것일 텐데 미국의 교수님들은 평소에는 어깨를 두드리며 응원하고 부드럽게 대해 주시면서도 질문할 때는 날카롭고 평가에는 냉정하셨다. 나도 학생들이 집중력을 잃거나 불성실한 모습을 보이면 따끔하게 지적하는 편이었다.

　미국에서 돌아온 후 평생의 반려자와 결혼을 하게 된 것도 나를 '희망'으로 이끈 큰 사건이다.
　아내를 처음 만난 건 박사과정 중 일시 귀국했을 때였다. 클라리넷 독주회를 하고 며칠 뒤 모 방송국에서 인물 다큐멘터리를 찍자는 제의가 있어 아내가 일하는 한국시각장애인복지관에 갔었다. 책을 빌리는 장면을 찍기 위해서였는데 그 대출실 사서가 바로 아내였다. 목소리만으로도 어느 정도 사람을 평가할 수 있다고 자부했던 시절에, 아내는 내가 좋아하는 너무나 은은하고 상냥한 목소리를 가지고 있었다. 첫 눈에 반한 게 아니라 첫 소리에 반했던 것이다.
　그 후 본격적인 구애가 시작되었다. 인연을 만들기 위해서 거짓말도 했다. 손수건을 잃어버렸는데 대출실에 있지 않느냐는 전화를 했고 그 핑계로 다시 만날 수 있었다. 또 음악회 티켓을 구해서 같이 동행해 달라고 부탁하기도 했다. 예술의전당 콘서트홀에서 있었던 코리안 심포니 정기 연주회였다. 생일 선물로 값비싼 향수를 준비해 깜짝 이벤트를 벌이기도 했고 제헌절 휴일을 맞아 춘천 나들이를 가기도 했다. 눈코 뜰 새 없는 박사과정 생활 중에도 짬짬이 귀국하여 아내를 만났고 아내도 조금씩 마음을 열며 서로 가까워지기 시작했다. 아내는 점자를 배워 편지를 보내기도 했고 전화도 자주 했다. 기쁘고 감동적일 따름이었다.

　박사학위 취득 후 돌아와 2년의 연애 기간을 더 거친 뒤 1999년 10월 드디어 우리는 서로의 평생 반려자가 되었다. 2001년 첫째 지윤이, 2004년 둘째 정윤이를 만나게 된 것도 너무나 큰 선물이자 희망이다. 딸들과의 일상이 한없이 소중해서 한순간도 잃고 싶지 않았다. 아이들은 하루가 다르게 커 가니 한순간 한순간이 다시 오지 않을 시간이라는 걸 실감했다. 그 순간을 기록하기 위해 육아일기를 쓰기 시작했다.

그래, 네 마음은 눈을 감고도 볼 수 있단다

한 신문사 인터뷰에서 육아일기를 쓰고 있다고 했더니 몇몇 출판사에서 책을 출간하자는 제안이 들어왔다. 나의 일상을 담기 위한 개인적인 글이므로 딱히 세상에 내놓을 만한 내용이 아니라고 생각했다. 몇 차례 정중하게 거절했지만 한 출판 관계자는 꽤나 집요하게 제안을 거듭했다. 자신의 오빠도 소아마비로 다리가 불편한 장애인이라는 사연을 듣고는 그의 제안에 응했다.

장애에 대한 편견 없이 누구나 공유할 수 있는 소소한 생활 이야기를 책으로 엮고 싶다는 그의 생각에 공감했기 때문이다.

그렇게 세상에 나오게 된 수필집 제목이 '그래, 네 마음은 눈을 감고도 볼 수 있단다'이다. '열 길 물속은 알아도 한 길 사람의 속은 모른다.'는 속담이 있다. 그렇게 알 수 없는 사람의 마음이 부모에게는 보인다. 나는 실제로 앞이 보이지 않는 사람이지만 보이는 사람들 못지않게, 아니 보이는 사람들보다 더 깊이 아

「그래, 네 마음은 눈을 감고도 볼 수 있단다」, 2006년 4월 출간

이들의 마음을 느낄 수 있다. '피부로 느낀다'는 관용구가 있지 않은가. 아이들을 씻기고 볼을 부비면서 아이들의 냄새와 천진한 마음을 그대로 느낄 수 있다.

 아이들을 키우면서 가장 마음이 아팠던 순간은 아이에게 아빠가 다른 사람들과 다르다는 점을 알려 줄 때였다.
 어느 날 지윤이가 '아빠는 파란 눈이라서 지윤이 안 보이죠. 난 다 알아요.'라고 하는 게 아닌가. 내 눈은 녹내장을 앓아서 눈동자가 파랗다. 그 얘기를 듣고는 밤을 꼬박 새며 울었다. 이제 사실을 얘기해 줘야겠다고 생각했다.

 "우리 지윤이, 아빠 얘기 잘 들어요. 아빠는 어렸을 때 많이 다쳐서 보이지 않게 되었지만 공부도 잘하고 클라리넷도 멋지게 불어서 학생들도 가르치고 엄마랑 결혼도 하고 잘 살고 있어요. 우리 지윤이랑도 잘 놀아 주고 목욕도 시켜 주고 맛있는 샌드위치도 해 주고 영어 책도 읽어 주고⋯ 그런데 아빠가 눈이 안 보인다는 건 다른 사람에게는 얘기하지 않았으면 좋겠어요. 세상에는 좋은 사람이 더 많지만 나쁜 사람들도 있어서 혹시 아빠가 눈이 안 보인다는 걸 알고 지윤이를 놀리거나 친구하지 말라고 아이들한테 말할 수도 있으니까요. 지윤이랑 친구들은 아직 어려서 그런 걸 혼자서 생각하고 결정하고 그럴 수가 없으니까 나쁜 사람들 말에 휩쓸릴 수가 있어요. 그러니까 조금 더 클 때까지 아무에게도 얘기하지 말기로 해요, 우리 지윤이."

딸에게 이런 말을 하면서 가슴이 무너져 내렸다. 딸이 놀림받을까 봐 너무 가고 싶은 어린이집 재롱잔치에도 가지 못했다. 아내랑 함께 크게 박수쳐 주며 정말 잘했다고 칭찬해 주고 안아 주고 사진도 찍고 싶었지만 그렇게 하지 못했다.
지윤이는 아빠 눈을 까맣게 만들면 자기 얼굴도 보고 엄마도 보고 세상 모든 것을 다시 볼 수 있을 거라 믿었다. 그런 지윤이의 마음을 조금이나마 채워 주고 싶어서 눈을 까맣게 할 수 있는 방법을 수소문해 보기도 했다. 의안을 만들어 볼까도 생각했지만 안압이 높아서 아주 위험하다는 대답을 들어야 했다. 수술을 받는 방법이 있다고 해서 의사 선생님을 찾아갔는데 홍채렌즈라는 걸 권해 주셨다. 몇 주 후에 특수제작한 렌즈를 꼈더니 지윤이는 "아빠, 이제 까만 눈 됐으니 잘 보이죠?"라며 너무나 좋아했다. 지윤이가 좋아하니 나도 기뻤지만 서글픈 마음을 지울 순 없었다.

가장 마음 졸였던 순간은 아이들이 나의 장애를 물려받았을까 봐 검사를 받을 때였다. 검사를 하려면 수면제도 먹고 약도 넣어야 해서 자지러지게 우는 아이들에게 미안했고 혹시라도 선천적 녹내장 판정을 받을까 봐 한 시간이 백 년이 되는 듯 초조하게 기다려야 했다.

다행히도 아이들 눈에 아무 이상이 없다는 진단을 받았고 나뿐만 아니라 아내와 부모님들까지 모두 가슴을 쓸어내리며 안도했다. 감사하고 행복하면서도 자꾸 눈물이 흘렀다.

  지윤이를 잃어버릴 뻔한 순간도 있었다. 사람이 붐비는 백화점에 지윤이 옷을 사러 갔던 날이었다. 나는 불안한 마음에 아이의 손을 아프도록 꼭 붙들고 있었지만, 호기심이 많은 지윤이는 잡힌 손을 빼내며 여기저기 돌아다니고 싶어했다. 아내는 그런 아이가 안쓰러웠던지 잘 지켜볼 테니 좀 놔주라고 했지만 물건 보랴 아이 보랴 어느 순간 아이를 놓쳐 버리고 말았다. 아이의 이름을 부르며 정신 없이 아래 위층을 돌아다니고 방송실에도 미아 안내 방송을 요청했다. 그러다 다시 처음 손을 놓친 곳에 가 보니 울상이 된 지윤이가 서 있었다. 아내도 지윤이를 부둥켜안고 울었다.

  정신이 어디로 달아났다 다시 찾아오자 나에겐 무력감이 찾아왔다. 아내가 정신없이 찾아다니는 동안 내가 할 수 있는 건 아내의 손을 잡고 같이 뛰는 것밖에 없었다. 아내와 지윤이에게 한없이 미안하고 무력했다. 우리는 당장 미아방지용 팔찌를 알아봤다. 외출할 때마다 그걸 챙기는 건 내 몫이 되었다. 그렇게 잊지 않고 챙기는 게 내가 할 수 있는 일이었고 그렇게나마 불안을 덜고 싶었다. 지윤이·정윤이를 사랑하는 만큼 걱정도 미안함도 더 컸다. 언제나 아이들을 품 안에만 두고 싶은 마음이다.

하지만 이 아이들도 내 품을 떠나 자신의 가족과 자기 세계를 갖게 될 것이다. 나와 아내는 지구 옆의 달처럼 늘 지윤이 정윤이 주위를 돌며 지켜보고 있겠지만 모든 걸 해 줄 수는 없는 일이다. 또 바람직하지도 않다.

요즘 부모들은 자식들의 삶에 지나치게 개입해서 문제가 되고 있다. 나와 아내만 해도 이미 20대가 된 자식들의 일에 여전히 시시콜콜 신경을 쓰고 있다.

필요한 지원을 아끼지 않으면서도 앞을 못 보는 자식을 먼 타국까지 보내고 마음으로 격려해 주셨던 부모님의 사랑과 지혜를 다시 새겨보게 된다.

나의 눈이 되고 발이 되어 준 이들

'한 아이를 키우는 데에 마을 하나가 필요하다.'라는 말이 있다. 한 아이가 먹고 입고 자고 성장하여 어엿한 한 사람으로 살아가려면 부모만 있으면 되는 게 아니라는 말이다. 이건 어린아이에게만 해당하는 얘기가 아니다.

한 사람이 살아가려면 혼자서 되는 일이 하나도 없다. 한 사람이 나서 죽기까지는 온 세계가 연관되어 있다. 장애인의 삶은 특히 그렇다. 내가 태어나 지금 이 순간까지 나 혼자 한 일은 하나도 없다.

아이들을 키우며 나는 부모님의 마음을 다시 헤아리게 됐다. 9차례의 수술을 하고도 결국 시력을 잃게 되었을 때 부모님의 심정이 어떠셨을지, 그런 아들이 먼 타국으로 떠나 혼자 생활해야 했을 때 얼마나 마음 졸이시며 아파하셨을지…….

아버지는 옛날 분이시라 웬만해선 자식 앞에서 눈물을 보이지 않으셨지만, 내가 볼 수 없게 되었다는 의사의 말에 내 이름을 부르며 소리내 우셨다. 부모님은 당신들의 눈을 한 쪽씩 빼서 나에게 주면 안 되겠느냐고 묻고 또 물었다. 지윤이의 눈 검사 결과를 기다리는 동안 나 또한 그 심정이 되었다.

어머니는 늘 나의 눈이 되어 주셨다. 초등학교 시절부터 학습지를 읽어 주시며 공부를 챙겨 주셨고, 대학 시절까지 필요한 책자들의 녹음을 직접 해서 보내 주셨다. 대학을 안성에서 다녔기에 서울에 계시는 어머니는 스쿨버스 정류장에서 학생들에게 나에게 보낼 음식이며 물건들을 무작정 맡기셨다.

"학생, 중앙대 다니지? 이거 음악대에 있는 우리 아들 이상재에게 좀 전해 줘요."

핸드폰도 택배도 없던 시절 그 물건들은 신기하게도 빠짐없이 나에게 전해졌다. 기숙사로, 강의실로 전혀 모르는 사람들이 찾아와 어머니의 물건을 전해 주었다. 수위실에도 어머니가 보낸 물건들이 쌓여 있어 그곳을 들르는 게 하루 일과 중 하나였다.

미국 유학을 떠날 때에도 어머니가 동행해 주셨다. 2주 동안 머무르시며 나의 발이 되어 강의실과 기숙사를 오가는 연습을 시켜 주시고, 식당, 화장실, 샤워장 등의 위치를 알려 주셨다.

나의 어머니 조묘자 여사는 2019년 5월 제29회 '예술가의 장한 어버이상'을 받으셨다. 늘 나의 눈이 되고 손발이 되어 주시느라

피바디 음대 졸업식날 부모님과 함께

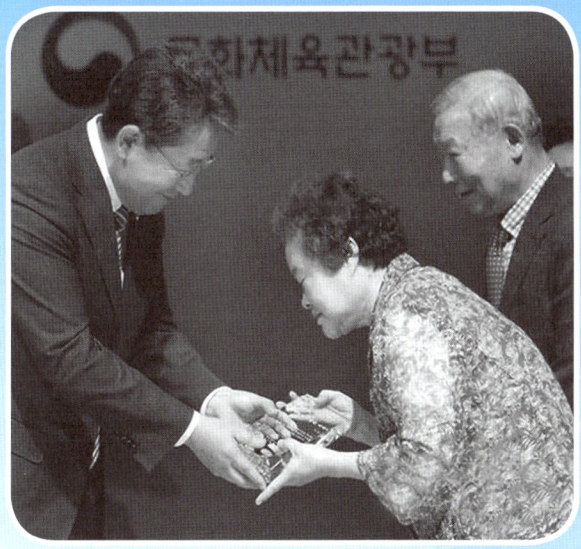

'예술가의 장한 어버이상'을 수상하신 어머니(2019. 5. 8.)

예술가의 장한 어버이상 시상식에서 '어머니 은혜'를 연주한 필자(출처: 연합뉴스)

당신을 보살피지 못한 세월을 그렇게라도 보상받으셨길 바랄 뿐이다.

부모님은 말할 것도 없고 형제들도 힘닿는 대로 내게 정성을 쏟았다. 인제대 의대 교수인 2년 터울의 바로 밑 동생은 학창 시절 큰 힘이 되어 주었다. 공부를 도와주고, 주말에 집에 못 가면 빨래를 챙겨 가고, 어머니가 싸 주신 음식을 날랐다. 대학 시절에도 과제를 할 때마다 자료를 찾아 녹음해 주었다. 미국 텍사스대학교 시설과장으로 근무하고 있는 막냇동생도 마찬가지다. 주말에 집에 올라가면 항상 나를 먼저 챙기느라 다른 약속을 미루기 일쑤였다. 안성으로 다시 돌아갈 때면 밖에서 놀다가도 당장 달려와서 고속터미널까지 함께 가서 버스를 태워 주었다. 한창 젊을 때 자기 일만으로도 바빴을 텐데 참 착하고 다정한 동생들이다.

친구들도 빼놓을 수 없다. 학창 시절의 많은 친구들이 떠오른다. 지금은 모두 각자 가정을 꾸리고 자기 일을 하느라 자주 만나지 못하지만, 그 시절에는 7, 80여 명의 친구들이 나의 눈과 발이 되어 주었다. 피바디의 시각장애인은 나 혼자였지만, 50여 명의 한국 유학생이 있었다. 그들이 모두 나의 친구였다. 미국인 친구들도 많았다. 내가 묵던 기숙사 방은 늘 사람들로 북적여 '피바디 까페'라 불릴 정도였다. 어느 날은 커피 메이커로 연달아 10잔이나 만든 적도 있었다. 그들은 나의 눈이 되어 책을 읽어 주고,

2004년 독주회 때 서기영 선생님이 보내 주신 화환 앞에서

발이 되어 이곳저곳으로 데려다 주었다. 공항으로 차를 태워 주고 마중을 나와 주었으며 자료도 찾아 주었다.

부모님만큼이나 은사님들의 은혜도 하늘과 같다. 피바디 유학 시절 교수님들의 격려와 날카로운 가르침이 없었다면 지금의 클라리네티스트 이상재는 없었을 것이다. 특히 박사학위 논문을 지도해 주신 스프랭클 교수님은 독감에 걸려 휴강을 하셔야 했던 날에도 나의 논문을 봐주시기 위해 학교에 나오셨다.

그리고 서기영 선생님, 평생의 은인이시다. 고3 때 대학 입시를 위해 애타게 레슨 선생님을 찾던 어머니가 친구분의 소개로 알게 된 분이 서기영 선생님이다. 내가 선생님 댁에 가는 것이 예의이지만 이동이 불편한 나를 배려해 선생님께서 직접 집에 오셔서 지도해 주셨다. 미국 유학 시절에는 선생님께서 직접 점자를 배워 6년 유학 기간 내내 항공 우편으로 점자 악보를 보내시는 수고를 마다하지 않으셨다. 당시는 미국에서 필요한 악보의 점자를 의뢰해서 받는 것보다 선생님이 직접 만드셔서 보내시는 게 훨씬 더 빨랐다. 필요한 악보를 월요일에 전화로 알려 드리면 금요일이면 받아 볼 수 있을 정도였다. 선생님은 지금까지도 독주회는 물론이고 가족 행사에도 함께해 주신다. 나 또한 선생님 초청으로 재직하고 계신 학교로 방문해 학생들과 대화도 나누고 클라리넷 연주를 했던 적도 있다. 깊고 깊은, 감사한 인연이다.

이분들뿐만 아니다. 우리 오케스트라 단원들, 내 연주를 듣고 감동해 주신 분들, 격려하고 응원해 주신 분들, 내 삶의 이야기를 언론에 소개해 주신 이들, 내 생각과 연주에 영감이 되어 준 모든 이들이 내 삶을 여기까지 이끌었고 나와 연결되어 있다.

어머니가 '예술가의 장한 어버이상'을 받으실 때 클라리넷으로 '어머님 은혜'를 연주했다.

"모친의 눈물이 지금의 나를 만들었다. 어머니의 울림을 내 클라리넷에 담아 세상을 울리는 연주를 하겠다."

당시 인터뷰에서 그렇게 말했는데, 어머니뿐 아니라 나와 연결되어 있는 모든 분들의 마음을 담아 세상을 울리는 연주를 하고 싶다. 그것이 나의 눈과 발이 되어 준 이들에게 보답하는 최고의 길이라고 믿고 있다.

청중과 나의 판타스틱 모멘트

지금까지 수많은 연주를 했다. 1992년 피바디 석사학위 독주회를 시작으로 협연과 실내악 연주회 등 다양한 무대에 서려고 노력했다. 가장 영광스럽고 보람 있으며 기억에 남는 연주회는 역시 카네기홀 암전연주회였지만, 개인사적으로 의미 있었던 연주회는 1997년 4월 29일 피바디 박사학위 논문 발표 독주회이다.

피바디에서는 박사학위를 받기 전에 6번의 독주회를 해야 한다. 그날은 마지막 독주회로서 렛쳐 리사이틀(Lecture Recital)로 진행됐다. 1시간 동안 3곡을 연주하면서 선정곡을 해설하고 논문을 발표하는 방식이다. 박사학위를 준비하느라 부단히 애를 써 왔던 터라 힘난한 과정에 화도 나고 슬프기도 하고 그러면서도 이제 거의 다 왔다는 기쁜 감정까지 복잡한 감정이 북받쳐 올라왔다. 연주회마다 느끼는 감정들이 다른데 그날만큼 복잡하고 다양한 감정을 느낀 적은 없었던 것 같다.

루마니아 코스탄차 공연(2023. 6. 29~ 7. 5.)

루마니아 코스탄차 공연(2023. 6.29~7. 5.)

그 시절 음악에 대한 고민이 많았다. 나는 무엇을 위해 음악을 하는가? 음악은 어떠해야 하는가? 가족들의 헌신 속에서 어렵게 어렵게 미국 유학 생활을 하고 있었으므로 그런 고민을 더 깊이 하게 되었다. 고민하고 공부하고 연주하면서 서서히 그에 대한 답을 얻게 되었다. 음악이란 누구에게나 공감을 줄 수 있는 것이고, 그렇기 때문에 모든 사람들과 아무런 장애물 없이 대화할 수 있는 넓은 창이 될 수 있다는 깨달음을 얻었다.

　예술 장르 중 가장 추상적이면서 인간의 원초적인 희로애락을 가장 직접적으로 표현할 수 있는 게 음악이다. 슬픈 음악을 들으면 슬프고, 기쁜 음악을 들으면 기쁨을 느끼는 상호간의 교감. 그것이 음악의 정체성이다. 그래서 나는 연주회를 할 때 청중들로부터 공감을 이끌어 내려고 노력한다. 판타스틱 모멘트(Fantastic Moment)! 단 1분이라도 청중들에게 감동을 줄 수 있다면 그 연주회는 성공이다. 그래서 연주회 프로그램을 짤 때 늘 청중의 입장에서 생각하게 된다. 무게감이 있고 진지한 것, 밝고 경쾌한 것 등 다양한 교감을 할 수 있도록 구성한다. 나와 청중들의 판타스틱 모멘트를 위하여!

　카네기홀 공연이 인상적이었던 이유는 명성 있는 무대에 섰다는 자부심도 있지만 무엇보다 '암전'이라는 환경 속에서 청중과의 완벽한 교감에 성공했기 때문이다. 또한 이후 무대의 길을 열어 주었다는 점에서도 큰 의미가 있다. 그 후로 끊임없는 공연 제의가 들어오며 다양한 청중들을 만날 수 있게 되었다.

Pre-Opening Ceremony Reception Pyeongchang(2018)

물론 청중들을 위해서만 연주를 하는 건 아니다. 나 또한 음악을 통해 인간다워짐을 느끼고, 감성이 풍부해짐을 느낀다. 진지한 아름다움이 무엇인지 늘 생각하고, 섬세해지는 자신을 마주하게 된다. 음악을 선택한 나의 삶이 행복하다고 말할 수 있는 것은 바로 이 때문이다.

 인간은 어디에서 행복을 느낄까? 나는 아이들의 보드라운 살결을 쓰다듬을 때, 좋아하는 향기를 맡을 때, 아름다운 목소리를 들을 때, 맛있는 음식을 먹을 때 행복을 느낀다. 무엇보다 아름다운 음악을 들을 때, 내가 클라리넷을 통해 큰 울림을 전할 수 있을 때 가슴 뻐근한 행복감을 맛본다.

 그래서 나는 음악을 연주하면서 최고의 순간을 만들어 내려고 노력한다. 제일 좋은 물감으로 최고의 작품을 만들려는 화가의 욕심처럼 나 역시 좋은 악기와 최상의 컨디션으로 최고의 음악을 만들려고 노력한다. 음악의 느낌뿐만 아니라 그 작품의 음악사적 배경과 작곡가의 사상 등을 모두 담을 수 있도록 노력한다. 간혹 이를 엘리트주의라고 비판하기도 하는데 음악 연주에도 두꺼운 공부가 필요하다는 내 생각은 변함이 없다.

 낭만주의에 대한 정의 앞에서 큰 감동을 받은 적이 있다. 3천 페이지에 달하는 점자책으로 음악사를 공부하면서 낭만주의의 정의를 읽고 큰 깨달음을 얻었다.

'획득할 수 없는 것에 대한 갈망.'

인간이 아무리 도달하려 해도 도달할 수 없는 것들이 있다. 그러나 있는 그대로를 표현하게 되면 그것이 바로 지선(至善)이자 지순(至順)일 수 있다. 그래서 나는 슬픔은 슬픔대로, 기쁨은 기쁨대로, 노여움은 노여움대로 표현할 수 있게 되었다. 그것이 부족하지 않을까 경지에 도달하지 못한 게 아닐까 번민하지 않고 있는 그대로를 온전히 드러내려 하면 된다는 깨달음을 낭만주의에서 얻게 되었다.

낭만주의의 걸작으로 말러 교향곡을 들 수 있다. 그 규모나 작품이 갖는 음악적 중요성 때문에 '낭만주의 음악을 종결하는 위대한 몸짓'이라 일컬어지는 말러의 교향곡들은 인간의 내면에 깔려 있는 양면성의 갈등을 다양한 음악적 요소를 통해 묘사한 걸작들이다. 도달하고자 하는 경지에 도달할 수 없는 괴로움과 고통, 얻고자 하나 얻을 수 없는 슬픔 등 인간이라면 가지고 있을 수밖에 없는 갈등을 온전히 드러냄으로써 낭만주의의 걸작이 탄생하게 된 것이다.

그래서 나는 음악적 표현에 대한 자신감을 바탕으로 같은 인간으로서의 소통에 무게를 두고 최상의 연주를 하고자 매번 노력하고 있다. 개인적으로는 음악을 듣고 신비로운 미적 발견을 하며 숨이 멎을 듯한 경이로움을 느낄 때, 작품 속에서 예술가의 진정한 목소리를 들을 때, 이 모든 것이 온전히 나만의 것일 때 비로소 나의 음악 인생에 보람을 느낀다. 그런 개인적 감회가 나를 여유롭게 만들고 주변을 둘러보게 하며 감사하게 한다.

음악이 전하는 희망

　카네기홀 이전에도 보람 있었던 연주회가 많았다. 대구 계명대학교에서 열렸던 발달장애인을 위한 특별 공연이 특히 기억에 남는다. 그날은 나만 공연을 한 것이 아니고 연주를 듣기 위해 모인 발달장애인들도 '강아지 똥'이라는 연극과 노래 공연을 했다. 그들의 공연에 나는 큰 감동을 받았다. 그들은 누구보다도 밝고 꿋꿋하게 살아가고 있었다. 그들이 내게 보여 준 '강아지 똥' 연극의 메시지처럼 세상엔 의미 없는 존재가 하나도 없다는 것, 이 세상에 태어난 존재는 모두 저마다의 가치와 쓰임새가 있다는 것을 다시 깨닫게 해 주었다. 그에 대한 화답으로 나도 에너지가 고조된 연주를 하였다. 내가 제일 잘 할 수 있는 클라리넷 연주로 그들에게 용기를 주고 희망을 나누고 싶었다.

　2003년부터는 뜻을 같이하는 성악가들과 정신병원을 방문해 정기 연주회를 갖고 있다. 회차를 거듭할 때마다 환우들은 불편한 몸을 이끌고 다가와 진심으로 감사함을 전한다. 이런 소중한 공연을 통해 내가 미약하나마 사회에 기여하고 있다고 생각하면 마음이 따뜻해진다.

2005년 12월 25일 '희망으로' 팀의 콘서트가 청와대에서 열렸다. 나는 4월부터 '희망으로' 콘서트에 참여하게 되었다. 이날의 공연에는 소아마비로 다리가 불편한 성악가 최승원 씨, 가수 박마루 씨, 그리고 네 손가락으로 피아노를 치는 이희아 씨 등이 함께했다. 영화 〈말아톤〉의 실제 주인공 배형진 씨, 수영 말아톤이라 불리는 김진호 씨 등 많은 사람들과 작고하신 노무현 대통령도 참석했다. 당시 노무현 대통령은 이런 연설을 하셨다.

"해내신 분들도 대단하지만, 해 보라고 권유한 분들의 용기도 놀랍습니다. 우리 모두 용기를 갖고 힘냅시다. 희망을 가집시다. 포기하지 마십시오. 그리고 희망을 가질 수 있도록, 포기하지 않도록 정부도 최선을 다하겠습니다. 국민 여러분도 오늘 보셨듯이 희망을 갖도록, 포기하지 않아도 되도록 우리 모두 함께합시다."

'희망으로' 콘서트의 의미를 잘 담아낸 연설로 기억한다. 당시 교육인적자원부에서는 장애인 음악인 4명으로 구성된 콘서트 팀이 청소년을 위한 전국 순회공연을 하는 기획을 마련했다. 장애인과 청소년을 비롯한 국민 모두에게 감동과 희망을 전하기 위해 시작되었다.

희망으로 콘서트(2005. 12. 25.)

희망으로 콘서트(출처: 연합뉴스)

'희망으로' 콘서트는 연주도 훌륭했지만 연주에 참여한 사람의 살아온 내력 자체가 그 콘서트의 메시지가 되었다. 최승원 씨는 다리가 불편한 몸을 이끌고 동양인 최초, 장애인 최초로 뉴욕 메트로폴리탄 오페라 콩쿠르에서 우승했다. 뉴욕시가 한 해에 단 한 명 뽑는 'Hugo Ross'상을 수상하기도 했고, 레이건 대통령의 초청으로 백악관에서 공연하기도 했다. 2001년 올해를 빛낸 음악가로 대통령 표창을 받은 훌륭한 성악가이다.

박마루 씨도 다양한 활동을 하고 있는 가수이자 방송인이다. KBS 2TV 〈사랑의 가족〉과 EBS 〈희망풍경〉 MC로도 활동했던 그는 '박마루 사랑 만들기 30개 도시 전국투어 콘서트'를 비롯해 2002년 일본 오사카 장애인포럼 참가 및 축하 공연까지 왕성하게 활동했다. 대만에서 열린 Asia Pacific Wataboshi Music Festival에도 한국 대표로 참가했다.

이희아 씨는 네 손가락의 피아니스트로 잘 알려져 있다. 당시에는 한경대학교가 된 한국재활복지대학 멀티미디어 음악과에 다녔고, 지금까지도 활발하게 연주 활동을 하고 있다. 1999년에 장애극복 대통령상을 수상했고, 2000년 호주 시드니 장애인 올림픽 축하 공연 및 2003년 미국 순회공연, 2005년 캐나다 순회공연을 했다. 2019년까지도 '희망연주회'를 열며 왕성한 활동을 이어 가다 코로나 시기 이후 다시 연주회 일정이 잡히진 않은 것으로 안다. 많은 연주자들이 코로나 시기를 거치며 연주 및 공연이 뜸해지는 것 같아 안타까운데, 다시 무대에서 볼 날이 있길 바란다.

이 세 사람과 나까지 넷이 함께 펼친 '희망으로' 콘서트 무대는 2005년 서울 이화여고 유관순 기념관에서 첫 공연을 시작으로 전국 16개 시·도 30여 중·고교를 돌며 공연을 펼쳤다. 장애에 대한 편견을 해소하고 장애·비장애 학생들이 차별 없이 어울리는 학교 문화를 위한 공연이었다. 미래에 대한 희망을 심어 줄 수 있었다면 더할 나위 없이 기뻤던 연주회였다.

  특히 기억하는 건 맹학교 학생들이 A. 드보르작의 '위모레스크'와 베토벤의 미뉴에트 G. 메이저를 연주했던 장면이다. 그들의 당당하고 훌륭한 연주에 감동이 밀려왔다. '위모레스크'는 플루트 연주였고 베토벤의 미뉴에트는 클라리넷 연주였다. 나의 악기인 클라리넷이라 더 애정이 갔는지도 모르겠다. 그 뒤로 정신지체 장애인들이 다니는 혜광학교 학생들이 사물놀이 '영남가락'을 연주했고 다음 순서가 우리였다. 먼저 박마루 씨가 두 발에 목발을 짚고 나와서 '함께하는 행복'을 부르고, 그의 사회로 다음 순서가 차례로 진행되었다. 나는 그날 SG 워너비의 '살다가'를 연주했고, 이희아 씨의 독주 이후에는 희아 씨와 나의 협주로 '어메이징 그레이스(Amazing Grace)'를 연주했다. 그 곡의 분위기 자체가 숭고한 감동을 자아내는 데다 이희아 씨의 연주가 그 감동을 배가시켰으며 나 또한 부드럽고도 깊은 클라리넷 연주로 격조를 더했다. 수많은 연주 중에서도 특히 기억에 남는 장면 중 하나이다.

'희망으로' 콘서트가 내 음악 인생에서 의미 있었던 이유는 '청중과의 소통'이라는 음악의 존재 이유 중 하나를 잘 보여 주었기 때문이다. 또 클래식 음악만 고집하지 않고 다양한 장르의 음악이 한자리에서 어우러졌으며 장애인이 직접 무대에 서는 콘서트였다는 점이 좋았다. 회차가 쌓이자 한·중·일 장애음악인들이 함께하기도 했다.

당시에는 대학에 전임으로 자리잡지 못해 몸과 마음이 힘든 시기였지만 이 콘서트를 통해서 나 스스로가 변화하는 성장의 계기가 되었다. 다른 많은 장애음악인들과 함께하면서 용기와 희망을 얻었고 '하트하트오케스트라'를 창단할 수 있는 힘도 얻었다. 카네기홀 공연의 싹은 '희망으로' 콘서트에서부터 자라나고 있었던 것 같다.

커피, 술, 독서, 그리고 음악

    음악 활동에는 많은 에너지가 필요하다. 연주뿐만 아니라 공부와 강의, 감상 및 영감을 얻는 시간들도 거기에 포함된다. 학교에서 학생들을 가르치고 나의 연주 무대에 서는 시간 외의 다른 시간들에서 에너지를 얻지 못한다면 나의 음악 활동은 지속되지 못할 것이다.

    독주회를 할 때 나의 신경은 극도로 예민해진다. 모든 것이 정확하게 갖춰져 있어야 하고, 있어야 할 것들이 제자리에 있지 않을 때 엄청난 짜증이 밀려오고 감정을 제어하기 힘들어진다. 모든 연주회가 만족스러운 건 아니어서 연주회 이후에도 우울한 감정이 밀려올 때가 있다. 이런 나의 짜증과 우울을 예술가의 민감성이라고 받아들이고 묵묵히 인내해 준 아내에게 감사할 따름이다.
    요즘은 그런 예민한 신경을 다른 것들로 다스리려고 노력하고 있지만 독주회가 마무리된 뒤에 밀려오는 알 수 없는 공허함은 좀처럼 줄어들지 않는다. 아마도 인간이라면 누구나 갖고 있는 원초적인 외로움에서 밀려오는 감정이 아닌가 싶다. 내 주변에는 많은 사람들이 있고 그들을 진심으로 사랑하고 감사한 인연으로 여기고 있지만 인간은 결국 혼자다. 결정적 순간에는 혼자서 감내해야 할 감정들이 있는 것이다. 그런 감정들을 잘 관리하려면 나에겐 커피, 술, 독서, 그리고 무엇보다 음악이 필요하다.

나의 커피 사랑은 유별나다. 피바디 음대 시절 잠을 쫓기 위해 마셨던 것이 습관이 되어서 지금은 하루 대여섯 잔을 마시는 대단한 커피 마니아가 됐다. 박사학위를 준비하면서 커피를 하도 많이 마셔 위염을 얻어 고생을 했는데도 나의 커피 사랑은 식을 줄 모른다. 손수 커피를 갈고 커피 메이커에 내릴 때의 그 소리와 향이 나를 매료시킨다. 커피가 혀에 닿을 때의 쌉싸름한 매혹도 커피를 놓을 수 없게 하는 맛이다. 아침을 시작하게 해 주고 대화를 부드럽게 해 주며 고요히 사색에 빠질 수 있게 해 주는 커피는 나의 습관이면서 활력이며 일상의 즐거움이다.

그리고 또 나는 술을 좋아하는 편이다. 젊은 시절에는 소주 5병도 거뜬했는데 요즘은 그만 못하다. 나이가 들어 그런지 소주 한 병 정도면 충분하다. 그런 나를 보고 주변에서는 걱정을 많이 한다. 특히 아내는 나의 귀가가 조금만 늦어져도 노심초사다. 나의 술 사랑은 꼭 술자리가 아니어도 발동된다. 식탁에 안주가 될 만한 김치찌개나 감자탕 같은 게 오르면 술 생각이 난다. 그런 때는 아내를 달래며 도수가 낮은 백세주 같은 술을 함께 마시곤 한다. 예민했던 신경이 느슨해지면서 노곤노곤 모든 긴장이 풀리는 그 느낌이 좋다.

처음 술을 마신 건 부산맹학교 시절의 초등학생 때였다. 너무 어린 나이라 놀랄 수도 있는데, 작정하고 마셨다기보다는 술심부름을 하다가 조금씩 맛보는 정도였다. 부산맹학교에는 또래 친구들보다 나이 많은 형들이 많았다. 심지어 서른여덟의 아저씨도 있었다. 그곳에서 나는 술심부름을 도맡아 했다. 그때만 해도 조금은 볼 수 있을 때여서 어리지만 내가 심부름을 하게 된 것이다. 흐릿하게 보이긴 했지만 늦은 밤의 심부름은 쉬운 게 아니었다. 더듬더듬 가게를 찾다 보면 넘어지고 다치기 일쑤였다. 그렇게 고생스러운 술심부름을 다녀오면 형들이 보상이랍시고 술 한잔을 권했다. 그렇게 술과의 인연이 시작되었다.

사춘기 시절에는 술이 내 불안과 불만과 분노의 배출구 역할을 했다. 특수학교 학생들은 대부분 생계를 위한 안마와 침 수련을 받는데, 나와 몇몇 친구들은 대입 준비를 했다. 대입을 위한 제도적 여건이 갖춰져 있지 않은 곳에서 입시 준비를 하기란 여간 어려운 일이 아니었다. 그나마 자원봉사자분들이 과외 수업을 해 주셔서 큰 도움을 받을 수 있었다. 과외 선생님은 학력고사가 끝나고 우리를 불러 중국집에서 맛있는 음식을 사 주셨다. 큰 짐을 덜어 낸 홀가분한 기분에 우리는 고량주를 무려 5병이나 마셨다. 어떻게 시간이 흐르고 어떤 모습이었는지 기억도 나지 않는데 아버지가 나를 찾아 중국집으로 오셨던 기억이 있다. 지금 생각하면 쥐구멍에라도 숨고 싶지만 입시라는 큰 관문을 지나던 시기여서 아버지도 이해해 주셨을 거라 생각한다. 그날 아버지는 아무 말씀도 없으셨기 때문이다.

그리고 앞에서도 얘기했던 이른바 '자살 미수 사건'도 술과 관련이 있는 일이다. 술과 관련해서는 부끄러운 기억들이 많지만 그렇게라도 나의 불안과 불만과 분노를 배출하지 않았다면 아마 나는 그 시기를 무사히 지나 지금에 이르지 못했을 것이다.

배출해야 했던 부정적 감정들이 많았던 나를 풍성하고 묵직하게 채워 준 것은 바로 독서이다. 독서를 통해 나는 볼 수 없는 세상의 풍경을 보고, 비장애인들도 볼 수 없는 사유의 심오한 세계를 볼 수 있었다. 독서를 통해 사계절이 뚜렷한 한국의 봄, 여름, 가을, 겨울의 풍경을 느끼고, 세계 각국의 이채롭고 아름다운 정취를 만끽할 수 있었다. 직접 강태공이나 등반가는 될 수 없지만, 책 속의 묘사를 통해 낚시의 손맛을 느끼고 산 정상에서의 호연지기를 경험했다. 볼 수 없는 나의 상상에 색을 입히고 구체적인 형상을 입혀 주는 독서 경험은 나의 내면을 윤택하게 가꿔 주었다.

내가 좋아하는 작가는 이문열, 이외수 같은 소설가들이다. 특히 이문열의 작품은 오디오북으로 나와 있는 것들은 모두 찾아 읽었다. 젊은 날의 방황을 심오하게 그려 낸 작품들, 인간 심리

묘사가 뛰어난 작품들, 잘 알려지지 않은 「미로 일지」까지 대부분의 작품들을 읽고 그 깊은 사유의 세계에 빠져들었다. 또 방대한 대하 역사소설을 쓰는 조정래 작가의 작품 읽기에도 도전하여 그 웅장한 기상과 처절한 삶의 파노라마를 경험해 보았다. 한때 전경린의 소설에 푹 빠졌던 적이 있다. 「검은 설탕이 녹는 동안」과 같은 작품은 여성 성장소설이긴 하지만 기존의 세계로부터 떨어져 나와 그 모습도 의미도 알 수 없는 세상 속에 고립된 채 보내는 스무 살의 한 시절을 잘 그려 내고 있어 몰입하며 읽었던 기억이 있다. 요즘엔 오디오북이 워낙 잘 나와 있어 다른 작가의 작품들도 다양하게 접하고 있다.

  나의 감정 관리자로서 음악도 빼놓을 수 없다. 음악은 나의 생계 수단이자 내 생활의 기반이지만 음악 감상은 나의 가장 훌륭한 취미 생활이자 영감의 원천이다. 반드시 클래식 음악만 듣는 건 아니다. 연주회에서도 여러 대중음악을 연주하기도 하듯이, 일상생활에서 편안하게 음악 감상을 할 때도 대중음악은 나의 일상적 감각을 자극하고 감회에 젖게 한다. 특히 선율에 어울리는 가사가 있기에 더욱 과거를 회상하거나 미래에 대해 그려 보게 되는 등 많은 생각을 하게 만드는 것 같다.
  자우림의 '불안은 영혼을 잠식한다'를 들으면 불안했던 나의 과거를 떠올리며 공감을 많이 하게 된다. '불안은 영혼을 잠식하여 진청의 그림자를 드리우고, 단꿈에 마음은 침식되어 깨지 않을

긴 잠에 든다.'고 노래하는 김윤아의 목소리를 들으면 나의 어두운 감정을 두드리는 듯한 울림 속에서 묘한 위로를 받는다.

  인간의 어두운 감정은 그대로 가라앉혀 외면하기보다는 예술을 통해 수면 위에 올리고 되새겨질 때 삶의 에너지로 전환될 수 있는 것 같다. 그렇게 할 수 있도록 해 준 커피, 술, 독서, 그리고 음악이 있어 너무나 다행스럽고 행복하다. 그렇게 나의 음악과 삶은 풍부한 향을 입고 촉촉하고 다정해질 수 있었다.

관심이 필요할 때와 무관심이 필요할 때

2009년 올해의 장애인상을 받으면서 이런 인터뷰를 한 적이 있다.

"장애인을 구경거리로 삼으면서 돕지 않는 우리 사회, 아직 멀었습니다."

그로부터 강산이 두 번 바뀔 만한 시간이 흐른 지금, 우리 사회의 장애인 인식은 좀 나아졌을까? 담론의 수준에서는 진전된 면이 있지만 일상의 수준에서 체감하기에는 아직도 갈 길이 멀다고 생각한다.

아직도 아내나 안내인이 동행하지 않고 혼자서 나들이하기는 힘든 편이다. 도움을 요청해도 필요한 도움이 무엇인지, 어떻게 도와야 하는지 모르는 경우가 다반사일 뿐만 아니라 선뜻 도와주겠다고 나서는 사람도 드물다. 사람들이 실수로 지팡이라도 툭 치고 지나가 버리면, 손에서 떨어져 나간 지팡이를 찾느라 우

장애극복상 수상(2009. 4. 20.)

왕좌왕하게 된다. 그래서 지팡이의 끈에 손가락을 끼고 길을 걷는다. 그래야 사람들이 실수로 치더라도 지팡이를 쉽게 놓치지 않을 수 있다. 이런 사소한 것들을 알고 있는 비장애인은 드물다.

  길을 나서면 늘 불안하고 초조하다. 언제 어떤 돌발 상황이 발생할지 모르기 때문이다. 아무리 바쁜 일상이라지만, 사람들은 무심결에 나를 툭 치고 그냥 지나가 버린다. 고의는 아니겠지만 그것이 시각장애인에게는 얼마나 큰 낭패인지 모른다는 것, 돌아보고 살필 배려심이 없다는 건 큰 문제라고 생각한다.

  사실 관심이 필요할 때보다 무관심이 필요할 때가 더 많다. 도움이 필요할 때는 도움을 주지 않으면서, 무심해야 할 때는 오히려 집요한 눈빛을 보내곤 한다. 불필요하게 관심을 보일 때 장애인들은 더 큰 불편함을 느낀다.

  꽤 오래전 일이긴 하지만 미국 피바디 유학 시절의 친구가 한국을 방문했을 때가 떠오른다. 길거리 벤치에 앉아 대화를 나누고 있을 때 사람들이 지나갈 때마다 우리를 흘깃거리는 시선이 느껴져 낯이 뜨거워졌었다. 미국 친구는 연신 고개를 갸웃거리며 이해할 수 없다고 웃었지만, 나는 그 웃음소리에 부끄러움을 느껴야 했다.

  지난 20여 년 동안 한국의 국제적 위상은 크게 높아졌다. 내가 유학하던 시절과는 비교가 되지 않을 정도다. 하지만 지금도 그 시절 내가 느꼈던 미국의 장애인 인식과 배려의 수준에는 아직 미치지 못하고 있는 것 같다. 물론 사람마다 다르게 판단할 수 있겠지만 나의 경험에 비춰 봤을 때는 그렇다. 미국에서는 장애인이 길거리에서 누군가로부터 도움을 받고 있으면 신경을 쓰거나 결코 관심을 갖지 않는다. 그러다가도 장애인이 홀로 길거리를 나서 멈춰 있기라도 하면 서로 달려와 도우미로 나선다. 길거리에 5분만 서 있어도 10명 이상이 찾아와 도움이 필요한지 묻는다.

 장애인이 어떻게 살아가는지를 보면 그 사회의 복지 수준을 가늠할 수 있다는 말이 있다. 한국의 일반적인 복지 수준은 꽤 높은 편이다. 하지만 아직도 약자·소수자에 대한 배려는 많이 부족한 편이며 조금만 더 배려하려 해도 '역차별'과 같은 반대의 목소리가 나온다. 예전에는 다 같이 어렵다는 공감대 속에서 서로 돕고 살아가려는 미덕이 있었는데 요즘에는 극심한 빈부격차 속에서 누구든 남이 더 가져갈까 촉각을 곤두세우고 있다.

 장애인을 위한 복지 정책은 장애인이 더 가져가겠다는 것이 아니라 기본적인 생계 보장과 이동권 및 직업 선택권을 갖겠다는 것이다. 나아가 여가를 누릴 권리, 예술에 대한 향유의 권리를 갖는 건 한 국가의 복지가 도달할 높은 수준일 수는 있겠지만 장애인·비장애인 모두가 인간으로서 누려야 할 권리로서 당연한 요구로 받아들여져야 한다. '역차별'을 말하는 사람들은 기본적으로 약자·소수자가 누려야 할 권리의 상한선을 설정하고 있는 느낌이다. 비장애인에게 상한선이 없듯이 장애인에게도 상한선이 있을 수 없다.

장애예술인으로서의 자존감

　나의 음악을 평가하는 데에 있어 '장애예술인'이라는 점을 빼놓고 생각할 수 있을까. 음악은 음악 그 자체로서 평가해야 한다는 생각이 강했다. 베토벤의 음악은 베토벤의 삶이나 베토벤이 청각장애가 있었다는 사실로 인해 그 평가가 달라져서는 안 된다고 생각했다. 하지만 예술가의 삶과 음악이 별개일 수는 없다.

　예술가의 삶은 음악에 반영될 수밖에 없고, 음악의 격정이나 카타르시스가 예술가에게 영향을 미칠 수밖에 없다. 연주자에게는 특히 그렇다. 연주자의 몸 상태나 정신적 고양 혹은 고뇌가 고스란히 연주에 드러난다.
　그러므로 나의 연주는 '장애예술인'이라는 나의 정체성과 따로 평가될 수 없을 것이다. 다만 내가 저어하는 부분은 '장애가 있는데 저만하면 됐지.'라는 시선이다. 장애가 있든 없든 '저만하면 됐다'라는 평가에는 문제가 있다. 그 사람과 그의 예술에 한계를 설정하는 것이기 때문이다. 어차피 어느 정도 이상은 되지 못할 것이라는 한계 설정은 가능성을 잠재운다. 더 깊어질 수 있고 더 높아질 수 있는 잠재력을 끌어내지 못하고 안주하게 만든다.

  더욱 큰 문제는 장애예술인으로서의 자존감을 끌어내린다는 점이다. 장애인으로 살아가는 데에 있어 '예술가'가 되는 일은 시작부터 브레이크가 걸리는 일이다. 요즘은 좀 덜할지 몰라도 내가 음악을 전공하겠다고 입시 준비를 하던 시절만 해도 시각장애인이면 으레 안마사와 같은 직업을 갖는 걸 당연하게 여겼다. 주변의 우려와 고정관념을 깨고 예술을 선택했다는 건 그만큼 예술에 대한 애정과 갈망이 강하다는 것을 의미한다. 그런 애정과 갈망은 늘 더 높고 깊은 예술성을 추구하기 마련이다. 바라보는 고지에 도달하기 위해 더 큰 어려움을 겪었을 장애예술인은 그만큼 '예술가'로서의 자존감이 높을 수밖에 없다. 그런 그들에게 '저 정도면 됐지'라는 평가는 씁쓸한 상처가 될 수 있다.

  물론 장애인이 비장애인처럼 연주하려면 더 많은 어려움을 이겨 내야 하는 건 맞다. 그런 과정에 대한 격려와 응원으로 '장애예술상'이나 '장애인상'이 제정되고 언론에 소개되는 건 필요한 일이다. 그런 보상도 없다면 장애인의 노력은 지속해 나갈 에너지를 얻기 힘들다. 다만 '예술성에 대한 인정'이 우선되어야 한다는 것이다. '아름다운 연주'라는 감흥 뒤에 '그런데 저 연주가 시각장애인이 악보를 모두 암기해서 연주한 것'이라는 인식이 뒤따른다면 그 감동이 더해질 수 있을 것이다.

　2014년 '대한민국장애인문화예술상'을 수상하며 '많은 사람들이 장애인들의 문화예술 활동에 대한 인식이 바뀌고 박수와 관심을 보내 주는 계기가 되었으면 한다.'는 바람을 얘기했었다. 여기서의 관심은 '유별난' 관심을 말하는 게 아니다. 많은 장애인들이 예술 활동을 하는 것이 자연스러워졌으면 하는 바람을 말한 것이다. 장애인이 예술을 하면 경제적 능력을 포함한 '특별한 뭔가가 있었겠구나!'라고 생각하는 게 아니라 그 예술적 성취와 고뇌에 더 공감하고 응원해 주길 바란다. 장애인이 예술을 하는 데 있어 건너야 할 난관과 올라야 할 계단을 미리 완화, 혹은 제거해 주는 것이 진정한 관심일 것이다.
　그리하여 주변에 장애예술인이 너무나 흔해지길, 장애인이 무대에 서도, 작품을 출판하거나 전시해도 더 이상 특별한 시선으로 바라보지 않는 사회가 되길 바란다. 나 또한 선배 예술인으로서 후배들을 격려하고 지원할 것이다.

　대학 교수로서 제자를 지도하고 후배 예술인을 발굴하여 육성하는 일도 그중 하나이지만 내가 그 첫 걸음으로 생각했던 건 살아오면서 실제로 어려움을 겪었던 점자 악보 제작에 대한 일이다. 점자 악보가 없어서 누군가가 악보를 불러 주거나 서기영 선생님이 직접 제작해 항공우편으로 보내야 했던 수고가 내가 겪었던 실질적인 어려움이었다. 그래서 악보를 점자로 옮기는 국내 점역사 10여 명 가량을 제자로 양성했고 현행 한국점자규정 음악 부문 저술을 맡기도 했다.

 대학에서 일하는 교육자이자 장애예술인으로서 나의 가장 높은 바람은 장애 학생들이 예술을 배울 수 있는 제도적인 시스템이 갖춰지는 것이다. 우선 향유할 기회부터 많아져야 할 것이고 그런 기회 속에서 예술에 대한 관심이 싹트고 전공으로 선택하는 데에 있어서도 걸림돌이 없도록 제도적 지원이 뒷받침되어야 할 것이다. 또한 차별적 시선 없이 자신의 잠재력을 최대한 끌어낼 수 있는 사회적 기반이 형성되어야 할 것이다.
 지금에 이르기까지 숱한 어려움을 겪은 것도 사실이지만 운이 좋았던 것도 사실이다. 그런 운을 만들어 준 건 역시 사람들의 관심과 배려이다. 나 또한 후학들에게, 교육자이자 예술가로서 최대의 관심과 배려를 아끼지 않을 것이다.

아직 '처음'인 마음으로

  2031년, 카네기홀에서는 20년 만에 다시 깜깜한 암전 속에서 우리 '하트체임버'의 연주가 울려 퍼진다. 여전히 지휘자는 없지만 우리의 마음은 하나로 연결되어 한 치의 어긋남도 없이 어울림을 만들어 낸다. 연주가 끝나자 관중들의 기립박수가 카네기홀 전체를 울린다.
  우리 오케스트라에는 창단 초기부터 함께했던 단원도 있고 얼마 전 새로 들어온 단원도 있다. 시각장애인 단원도 있고 비장애인 단원도 있지만 단 한 명, 지휘자가 없을 뿐이다. 나는 음악감독으로서 마음으로 우리 오케스트라를 지휘하고 있다. 집 문서를 들고 다니며 여기저기 대출을 받아 근근이 유지되다가 해체 위기까지 겪었던 우리 오케스트라가 지금까지 이어져 왔다는 게 경이롭고 뿌듯하기만 하다.
  세 번이나 카네기홀 무대에 섰다는 소식이 알려지면서 세계 언론들은 한국에는 BTS와 블랙핑크만 있는 게 아니라 세계 최초의

하트체임버오케스트라 단원들과 함께

시각장애인 오케스트라 '하트체임버'가 있다는 찬사를 보낸다. 얼마 전까지 세계 유일이었으나 우리 오케스트라를 보고 세계 곳곳에 시각장애인 혹은 장애인 오케스트라가 속속 만들어졌다는 소식을 듣고 있다.

  나와 우리 단원들은 저마다 다른 개성을 지니고 있지만 음악에 대한 생각만큼은 똑같다. 사람과 사람 사이를 연결할 수 있는 최고의 매체이자 사람의 마음을 울리는 가장 보편적인 매체라는 생각이 그것이다. 또한 마음을 울리기 위해서는 연주의 전문성과 미적인 가치 또한 갖추어야 한다는 생각도 모두 공유하고 있다. 그래서 언제나 연습을 게을리하지 않는다. 수백 번 함께 맞춰 본 곡도 무대에 오르기 전에는 반드시 여러 번 맞춰 보고, 새로운 곡을 발굴하여 암기하고 연습하는 일도 정기적으로 하고 있다.

  이런 우리의 생각에 따라 전 세계 곳곳에 우리의 음악이 닿게 하는 것을 내 남은 생의 목표로 삼고 있다. 나도 그렇고 우리 단원들도 고령이 되었지만 죽는 날까지 연주를 계속하겠다는 생각은 변함이 없다. 그래서 휴전 이후에도 전쟁의 참상으로 계속 고통받고 있는 사람들을 위로하고자 우크라이나에서 공연을 하기도 하고, DMZ에 새로 개관한 '통일 음악당'에서 공연하기도 했다. 대관령에서도 제주 올레길에서도 공연을 했으며 산간 벽지의 폐교를 찾아가기도 했다. 소아병동이나 정신병동 등 아프고 외로운 사람들을 찾는 일도 잊지 않았다.

2031년의 어느 날을 이렇게 상상해 보았다. 상상은 나를 꿈꾸게 하고 안주하려던 나를 다그치며 지친 나를 일으킨다. 최근 삶에 대한 권태가 찾아왔었다. 아이들도 커서 성인이 되고 대학교수로서 직업적인 안정감도 얻었으며 '하트체임버'도 정례화된 연습과 연주회를 갖고 있어서인지 살짝 무기력해지기도 했다. 최선을 다해 살아왔지만 결국 여기까지인가, 이런 정도에 이르려고 그렇게나 애를 썼단 말인가 싶은 마음이 스멀스멀 올라왔다.

하지만 그런 마음도 잠시일 뿐이다. '하트체임버' 단원들과 무대에 서면 그런 마음은 흔적도 없이 사라지고 우리의 연주를 듣는 청중들의 감동이 전해질 때면 내가 이렇게 연주를 계속하고 있다는 사실만으로도 감사한 마음이 솟는다. 언제까지나 우리의 연주회가 계속되고, 또 세계 곳곳에 우리의 음악이 울려퍼졌으면 하는 바람을 담아 2031년의 어느 날을 상상해 보았다.

인간이 이렇게 간사한가 싶다. 음악만 계속할 수 있다면 무엇이든 할 수 있을 것 같던 시절을 지나 이제 그것을 할 수 있게 되니 권태를 느끼기도 하는 게 인간인가 싶다. 하여 인간이 할 수 있는 상상의 나래를 펼치며 그 권태를 이겨 내 보았다.

요즘 AI가 등장하여 인간의 한계를 넘어서고 있다는데, 상상의 영역만큼은 넘볼 수 없지 않을까 생각한다.

인간의 상상이란 하느님의 창조처럼 무에서 유를 만들어 내는 게 아니다. 인간이 가진 경험과 기억이 상상을 더욱 증폭시킬 수 있다. 내가 지금껏 머릿속의 관념과 상상으로 음악을 연주해 왔기 때문에 그 차이를 잘 느낄 수 있다. 나는 시각장애인이어서 시각적 경험은 부족할지 모르겠지만 나의 손과 발로 수많은 접촉과 경험을 쌓아 왔고 그것이 내 상상의 세계를 넓혀 주었다.

  나는 살아오면서 내가 시각장애인이라는 사실을 부정하지 않았다. 대신 시각장애인으로서 시각적 이미지의 한계에 갇혀 있지 않은 내 상상의 세계를 믿었다. 그것이 음악을 만나게 했고 여기까지 오게 했다. 물론 비관에 빠지기도 했으며 불안에 영혼을 빼앗기기도 했지만, 내가 할 수 있는 일을 멈추지 않고 계속했기에 비관과 불안에서 빠져나올 수 있었다.
  불안했던 영혼의 소유자가 이제 사회에 필요한 한 사람으로 어엿하게 살아가고 있다. 앞으로도 음악에 몰두하며 그 세계를 더욱 윤택하게 만들도록 애쓰는 삶을 살아갈 것이다. 또한 장애예술인에 대한 인식개선에 힘쓰고 차별과 편견이 없는 한국 사회를 만들기 위해 힘을 보태겠다.

이상재

나사렛대학교 음악학부 관현악과 부교수
하트시각장애인체임버오케스트라 이사장 겸 음악감독

학력
1990 중앙대학교 음악대학 관현악과 수석 졸업
1993 PEABODY CONSERVATORY OF MUSIC
    석사학위 (Master Of Musical Degree)
1997 PEABODY CONSERVATORY OF MUSIC
    박사학위 (Doctor Of Musical Arts Degree)

수상 경력
1988 제5회 부산음악콩쿠르 입상
1997 PEABODY LYNN TAYLOR HEBDEN PRIZE IN PERFORMANCE
2005 교육인적자원부 장관 표창
2011 문화체육관광부 장관 표창
2006 대한민국장애인문화예술대상(음악 부문)
2009 올해의 장애인상(대통령상)
2014 대한민국장애인문화예술상 대상
2015 제2회 이승휴문화상

음반
2003 브람스 탄생 170주년 기념 앨범
    'Brahms Sonatas, Schumann Romances' 독집음반
2004 크로스오버 음반 'Close Your Eyes'
2006 크로스오버 음반 'painted times'
2008 '이상재의 편지 Painted Times II'
2014 'LOST DAYS'

저서
「그래 네 마음은 눈을 감고도 볼 수 있단다」(2006)
「서양음악 점자해설」(2019)

연주회
독주회: 20여 회
*암전연주회: 카네기홀 공연(2011), 카네기홀 앵콜 공연(2015)
협연: 우크라이나 심포니 오케스트라, 도쿄 게이다이 필하모니, 파나마 국립교향악단, 서울바로크합주단, 대전시향, 인천시향 등 국내외 유수의 오케스트라와 80여 회
해외 연주: New York UN 본부, Hong Kong City Hall, 말레이시아 콸라룸푸르 문화예술회관, 스위스 UN 본부, 폴란드 바르샤바 국립극장 등 50여 회
실내악 연주회: 300여 회